过度管理，
正在悄悄毁掉你的公司

戴维斯———— 著

中国华侨出版社

·北京·

图书在版编目（CIP）数据

过度管理，正在悄悄毁掉你的公司 / 戴维斯著. 一北京：
中国华侨出版社，2019.7

ISBN 978-7-5113-7864-4

Ⅰ. ①过… Ⅱ. ①戴… Ⅲ. ①企业管理 Ⅳ.
①F272

中国版本图书馆 CIP 数据核字（2019）第 106092 号

● 过度管理，正在悄悄毁掉你的公司

著　　者 / 戴维斯
责任编辑 / 黄　威
责任校对 / 孙　丽
封面设计 / 环球设计
经　　销 / 新华书店
开　　本 / 670 毫米 × 960 毫米 1/16　印张 /17　字数 /212 千字
印　　刷 / 香河利华文化发展有限公司
版　　次 / 2019 年 8 月第 1 版　2019 年 8 月第 1 次印刷
书　　号 / ISBN 978-7-5113-7864-4
定　　价 / 39.80 元

中国华侨出版社　北京市朝阳区静安里 26 号通成达大厦 3 层　邮编：100028
法律顾问：陈鹰律师事务所　　　　编辑部：（010）64443056　　64443979
发行部：（010）64443051　　　　传　真：（010）64439708
网　址：www.oveaschin.com　　E - mail：oveaschin@sina.com

前　言

　　管理大师德鲁克说过，管理是一种实践，其本质不在于"知"，而在于"行"，其验证不在于逻辑，而在于成果，其唯一权威就是成就。这句话告诉管理者，对于管理的知识，你知道得再多，不如付诸于实践，用在实际的工作中。同时，管理也是不讲逻辑的，验证其合理的唯一标准在于实施后的成就，即能否创造效益，违背于此的管理，都属于无效管理。对一个管理者来说，比没有管理更为可怕的"无效管理"行为，便是"过度管理"。

　　在现实管理活动中，许多管理者常出现的"过度管理"行为通常表现在：公司内部组织结构冗余；过度地强调精细化管理，拿繁杂琐碎的管理制度约束着员工能动性与创造力的发挥，对员工管得太严苛，使员工成为被动执行的"工具"；为了赶时髦，不断引用新的管理模式，或不停地借用他人的管理经验来不断地折腾你的公司；公司负责人不愿意授权，充当权力"包身工"，在做决策时，无休止地开会、搞培训等行为，致使工作低效……实际上，这些无效管理行为正是无形吞噬企业利润、削弱企业实力的"元凶"，它在不断地降低企业的生产效率，减弱企业的灵活度，弱化企业的创新意识，正在悄无声息地毁掉你的企业。所以，身为管理者，要懂得时时反思和审视自我，反省自己的管理行为，是否有"过度管理"的行为。

实际上，但凡伟大的企业，奉行的都是简单的管理模式。比如通用电气有 34 万员工，遍布全球 100 多个国家和地区，但是它能够使自己总部的战略决策在不到一个月的时间内，就在 100 多个国家和地区运转起来，为什么？因为简单。通用的简单，在于它勾画了以一年为一个单元，以一个季度为一个小单元的战略执行系统，简单得不能再简单。麦当劳在全球 117 个国家和地区都设有千万家连锁店，为什么能够运营得灵便自如？因为简单。它的产品简单，只做标准化快餐，顾客往那里一坐，十几分钟就可以搞定一顿饭。

可以说，世界上许多伟大的公司，都是由"简单"二字成就的。因为"简单"可以产生效率，可以降低内耗，提升企业灵活度和创新力，最大限度地激发员工的活力和创造力，可以凝聚人心，而这些因素，正是现阶段企业获得发展的关键所在。

大思想家老子曾经反复地讨论"道法自然"的精义，十分明确地提出了管理的最高境界："稀言自然""无为而治""治大国若烹小鲜"。一句话，管理的最高境界就是简单。治国尚且如此，更何况企业呢？

无论你的企业有多么庞大，不管你的客户有多么广泛，不管你的员工数量有多么惊人，你都要去相信，一个总能够抓住重点、把握方向、找到简单方法并有效执行的企业，总是成功的！简单才能获得生存，创造高效益的可持续发展。

CONTENTS 目录

第一章
"过度管理"正在悄悄毁掉你的公司

任正非说:"未来企业的竞争不在于人才的竞争,而在于管理的竞争!"对每个管理者来讲,管理是没有任何章法可言的,它是一门极深的艺术。很多公司内部的诸多问题,皆源于不会管理。但实际上,相比不会管理更可怕的是"过度管理"。过度管理的负面影响在于:过度安排,造成员工自主精神的流失,自我创造力和价值得不到有效的发挥;过度施压,不仅影响员工的身心健康,而且会让员工在战战兢兢、唯唯诺诺中无法产生工作自主性和积极性;过度命令,造成不和谐的上下级关系,使员工在压抑和焦躁的氛围中无法安心地工作……这些看似无关紧要的细节,都在最大限度地制约着公司的发展,也会在无形之中悄悄地毁掉你的公司。

比没有管理更可怕的是"过度管理"

一家大型运动器材生产厂家的老板曾打电话向我咨询一个管理难题：上个月我跟公司总管交代，本月的销售额要达到 300 万，总管立即将这个指标下达到了销售部、采购部和生产部，并且也跟这三个部门的主管交代，全厂各个部门一定要相互协调好，共同来完成这个任务。为了督促他们达成目标，我告诉他们我会随时来检查结果。

一切都按照计划进行。然而，到中旬的时候，问题出现了，销售部门没有产品，采购部门原料不足，而生产部门又因为原料不足而无法生产。也就是说，半年过去了，任务没完成多少。于是，我就将各个部门的负责人召集起来，想找出原因，但是结果却一无所获。销售部门的负责人和生产部门的负责人把矛头指向了采购部门，认为责任是他们的：如果能够及时供应原料，生产部门就能正常生产，销售部门也不会因缺乏产品而无法销售。而采购部门的负责人则是一脸委屈地说是因为财务部门的资金未能够及时到位，才导致采购部门无法供应。采购部门也想了很多办法，但是最后还是没有解决这个问题。部门的主管们各说各的理，于是我在想，对于这个结果，究竟谁该负责呢？

现实中，很多企业主或管理者可能都遇到过类似的问题：各个部门之间相互推卸责任，绕了一大圈，大家都挺委屈，貌似都没责任，那究竟是谁出了问题呢？当然是管理出了问题。

从表面上看，各部门相互推卸责任，应该是管理太过松散的结果，实际上，这是"过度管理"所导致的。

什么是"过度管理"？通俗来讲，就是管得太多了，即指制度过于复杂，组织结构太过繁杂，沟通流程太过冗长，过于强调精细化和标准化，对员工太过苛刻。这些问题，在中小公司中最为常见，比如制度形式大于内容，管理流程繁杂且冗长，会议多且质量差，领导对下属不信任，不懂得放权……实际上，与松散、宽容式管理甚至无管理相比，过度管理则显得更为可怕。因为现代社会是注重效率和创造力的，而过度管理则将公司内部的效率与人员的创造力全部扼杀掉，这对公司来讲，无异于慢性自杀。

华为总裁任正非说："以客户和市场为导向，可以让企业摆脱成本经营和价值竞争的困境，建立以能力为基础的长远竞争力。当然，要想使企业将目光长远地瞄准客户与市场需求，就必须激发内部员工的创造性和积极性，让每个人都直面客户，为客户创造出价值。"海尔集团总裁张瑞敏也讲道："在新形势下，互联网已成为重要的经济引擎，这就要求企业家必须要转化管理观念，实现企业平台化、管理无领导化、员工创客化。这才能最大限度地激发内部每个员工的创造性，满足用户个性化需求。"雷军也说："在科技时代，高效是企业的生命。另外，要让客户满意，本质上就是要提高效率，就是要用互联网的技术、人才、方法论、思维，包括更大的投入，来提升效率，用效率的提升来降低最后的售价，提高用户的体验，使用户感受到更好的性价比。"……以上这些商业大佬们的话再一次印证了：客户和创新是未来企业制胜的关键所在，而要抓住客户，要想实现创新，就必须要有企业内部较为开放的管理为支撑。而"过度管理"则使管理变得更为封闭，只会将企业推向最终的死亡。

不可否认，管理是一项复杂的技能，正因为复杂和烦琐，而让不少管理者为之头疼。在现实中，因为掌握不好管理的"度"而陷入困境的企业不在少数。关于"管理过度"的问题，概括起来具体表现为以下几种情况：

1. 企业组织过于烦冗。

现实中，多数企业采用的都是"金字塔"式的层级分明的企业管理组织，这已经是提升企业"效率"的重要阻碍。这种组织结构模型僵化、缺乏灵活性：行政结构越来越庞大，各个部门之间的横向联系极为薄弱，各个部门之间的协调性越来越难，各个职能部门的成员只注重部门目标而不是企业的整体目标，使工作效率受到影响。同时，一旦遇到问题，各个部门之间则是互相推诿、抱怨。这样不仅造成人力资源的浪费，增加生产成本，而且还大大降低了运营效率。可以说，金字塔式的自上往下矩阵图式的传统的企业组织架构，已经难以适应激烈的市场竞争与快速变化的环境要求。为此，对企业原有的组织结构进行"瘦身"，推行"扁平化"的组织结构已经势在必行。

2. 过度强调规范化和精细化管理。

很多企业过度地强调规范化和精细化管理，他们把员工看成是完成生产流程的"工具"，决策层一旦决定生产什么，只会命令员工去跟着规范化的流程去走。过于强调精细化，这也意味着，员工只是被动地跟着流程走，他们无法对产品融入自己的灵感和爱，等规范化的流程走完了，产品也就很容易死掉，因为里面没有融进人的活力。这样的企业因为太过死板，缺乏灵活性和自主性，无法满足用户的多样化需求，渐渐地会被市场所淘汰。

3. 制度过于复杂。

许多企业为了推行标准化管理模式，都搭建了属于自己的管理体系，它包括战略管理、采购管理、生产管理、安全管理、环境管理、质量管理、财务管理、营销管理、企业文化等企业管理的方方面面。而在很多企业中，这些看上去全面完善的管理体系常常只是摆设，就是因为管理制度过于复杂、理论化而无法得到有效应用。

事实上，绝大多数算不得上规模的企业，其制度都不应该太过复杂，工作重点应该放在经营上，如何去做大客户、留住客户上，而不应该把主要精力都放在如何细化管理上。

4. 管理技术的过度使用。

现实中，很多企业为了追求"时尚潮流"，不断地尝试新的管理理念，比如今天尝试导入阿米巴管理模式，明天实施 6S 管理，后天搞全面质量管理，然后做流程改造，再去做杠杆管理、质量体系认证、ERP 等，其结果是越搞越糟，不断地折腾，致使企业走入崩溃的边缘。

5. 老板或管理者不懂放权。

在许多企业中，老板因为对下属不放心，所以始终不肯放权，什么大权都独揽在自己手中，下属做什么，都需要老板亲自过目或签字，这样做的结果就是老板每天不停地忙，每个下属却成了执行老板命令的"工具"，自主性和创造性根本无法得到有效的发挥。

有的老板总把自己当成企业的"皇帝"，在企业内部搞制衡之术，让下属相互猜忌、相互制约，让所有人都把精力浪费在"内耗"上面。

6. 会议日常化，爱搞形式主义。

有的管理者为了强化自身在企业中的权威，或者为了让员工"听话"，动不动就开会，动不动就训员工，每次开会也解决不了实质性的问题，白白地将时间浪费掉。

7. 对员工过于严苛。

很多公司总爱强调"细节管理"，甚至会将"细节管理、重在执行"当成口头禅。管理者似乎觉得制定了最严格的标准和制度，就可以提升工作效率，解决一切问题了。曾经有一家企业为了杜绝员工因上厕所而降低生产效率，就特别规定了女工上厕所的时间和频率，超出"规定"就要狠狠扣钱。这样的"规范管理"让员工在战战兢兢中度过，他们每天想的不是如何将手头的工作做好，而是要注意自己的言行是否违反了公司的"细节管理条例"，在这样紧张的氛围中，员工自然也难以发挥自身的能动性和创造性。

组织结构冗余正不断地侵吞着公司的价值和竞争力

世界战略管理大师哈默尔指出，一个公司人员越多，就会有越多层的员工层组，每一层都需要管理人员去管理下一层的工作人员。但是管理人员越多，基层员工的意见和建议就越难被听到。而决策的决定和执行也会越来越没效率。哈默尔认为，要解决这一现象，只需要一招，那就是解雇所有的管理者。

哈默尔的话道出了许多企业普遍存在的管理问题，即公司低效、部门相互推诿、员工缺乏责任心的根本原因，这是过度管理最重要的表现之一。在传统的"金字塔"式的组织结构中，一项业务流程需要由许多的职能部门来分别承担其中某一部分的工作，这种专业化分工只讲求工作的专业性，而没有注意到跨部门衔接的困难和低效率以及对员工积极性和创造性的抑制。为了使分离的流程重新结合起来，企业只能依靠层层相叠的层级制作为"黏结剂"。因此，"金字塔"式的组织结构是这种劳动分工的必然产物。

浙江有一家皮革生产厂家，效益曾经是行业中的翘楚，但最近几年，随着市场的细化，该厂一度陷入效益不佳的局面，尤其是最近，该厂的总经理觉得厂里员工没干劲，不是缺席，便是迟到早退，交货总是延误。最为重要的是该厂生产的产品质量不过关，总是不停地接到客户商家的投诉。虽然总经理想尽办法想提高团队员工的战斗力，但却始终不见成效。

后来，总经理进行深入调查发现，工厂内部的高层，即运营总监、厂长和生产管理科长、采购经理等人，平时不将精力用于搞好生产，提升效益，而是用大量的时间争权夺利，搞小团体主义。

因为高层不努力，使部门之间沟通不畅，采购部、生产部和营销部，也经常因为任务完不成而相互推诿、责备、埋怨。另外，厂长尽管一再强调要提升产品的质量，但下面的质量监督部门却始终贯彻不了，拿不出实质性的改善质量的方案来，有时候即便提出了一些改善的方案，却因为层层传达的缘故，始终使底层操作者无法执行到位。

另外，因为高层领导不给力，下面的领班、小组长等也是无心工作，员工每每遇到困难，向上面反映很久都没能得到解决的方法，致使生产长期停滞，长期任务目标无法达成。

同时，该厂组织结构冗余，全厂 128 名员工，其中有 1 名总经理、2 名运营总监，厂长、生产经理、采购经理及其他们的助理，算下来也有近 10 名，下一层的质量经理、生产经理、工程经理、人事行政经理及其助理，加起来也有 16 名，再加上生产经理属下的制造主管、装配主管以及各个生产车间的领班、责任人等，加起来有 29 名之多。这也意味着，该厂中的 128 名员工中，其中有 58 名都属于管理者，占总厂人数的近 44% 之多，底层的执行者仅有 70 名，这样烦冗的组织结构，效率自然是低下的，再加上内部人员争权夺利的内耗，生产计划自然难以完成。

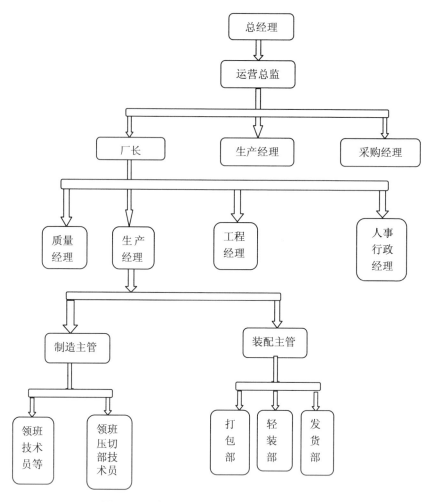

图 1-1　该皮革生产厂内部烦冗的组织结构

　　从以上这个图表可以看出，该企业的组织结构非常不合理，纵向太长，多重领导、信息传送反复，沟通成本增加，生产效率低下，高层的计划得不到落实。更何况，该企业中有近半数都是管理层，也就是说，有近一半的人在领导一半的人干活儿，这就是典型的"过度"管理。

　　这种组织结构与管理模式，已经是企业"效率"的重要阻碍，这种组织结构模型缺乏灵活性。

实际上，企业组织结构复杂，就如同度过漫长冬季后的屋子一样，大多数公司发展到一定时期之后就会出现一片杂乱的景象。家中的乱象主要包括穿过的衣服、坏了的运动器械以及常见的尘土；公司的组织结构中的乱象则包括无利可图的产品或服务、冗余或相同的流程、不再能满足工作目的的组织架构等。所有这些乱象都会增加公司管理工程的复杂度，抵消企业的价值和竞争力。所以，要想公司发展得越来越好，关键就在于扫除这些乱象，简化企业的组织结构，从根本上消除导致公司出现的糟糕局面的复杂机制。

在 21 世纪初，乐高曾经一度举步维艰。那时，由于竞争激烈和成本高昂，以及面向 5～12 岁儿童推出的一款游戏产品需要不断地更新换代，导致乐高公司出现的亏损不断地扩大。这个时候，公司当即选择从正面迎战这些威胁。虽然乐高公司用创新性的产品来迎合新的消费者细分市场，开辟出了乐高专营店，并对旗下的乐高主题公园进行扩张，但这些措施帮助乐高提高营收的同时，其背后所存在的复杂机制却侵蚀了很大一部分利润。到 2003 年，乐高已经濒临破产。

当时的新任 CEO（首席执行官）约恩·维格·克努德斯托普在接管乐高之后，实施了名为"回到积木"的简化项目，对产品和流程的复杂机制进行了大刀阔斧的削减。这一系列的改革过后，现在的乐高要比以往更为简单，盈利能力也更高。

如今，在全球化和日益数字化的组织中，复杂性对公司的生产力的负面影响日益提高。公司的管理者必须将"简化"当成一项核心领导力来培养，并让"简化"成为公司商业战略的关键要素。

过度地强调精细化管理，是公司走向"衰亡"的开始

一位大型金融公司的高层管理者讲过这样一段话：中小公司有个典型的误区就是"过度管理"，即之前引以为豪的"标准""规范""专注"，往往是初创企业的"毒药"。对于中小企业来说，要想跑出初创企业的"无人区"，必须要强调"简约"式管理。

的确，所有的公司都在高喊"标准化"和"精细化"管理，觉得一个公司不实施"标准化"和"精细化"，就显得不够正规，无法提升效率和利润。的确，标准化和精细化管理一方面追求的是通过严密明确的分工和细化到位的流程来固化工作，另一方面追求的是通过完美的管理来提高组织的效率。但是，到了今天，随着互联网的发展与市场对个性化需求的增加，"标准化"与"精细化"已经制约了创新和发展的力量，组织的活力在"规范化"的制约中荡然无存。正如一位企业家所说，企业中的一切都按部就班，那些按部就班的职责和流程几乎十几年都没有人质疑和优化过，但是公司的死亡就是从这里悄然开始的。

诺基亚曾经一度是手机行业中的霸主，其公司通过推出 1000 多种不同型号的手机，成功地将有不同层次需求的消费者尽收囊中。为了提升质量，诺基亚公司曾经采用标准化和精细化管理流程，可以说，他们的管理是非常规范的，可正是这种规范性，让他们只顾埋头在生产的老路上不停地走，而忘记了创新，最终被苹果等一大批智能机生产企业一网打尽。我们再反观苹果公司，始终坚持创新，他们的发展思路是，不去问消费者需要什么，而是去创造那些他们

需要但是却又表达不出来的需求，比如质感、触觉等。苹果的产品始终坚持紧贴市场，通过完美的消费体验，为消费者提供了一种新的生活方式，从而创造出新的需求。而这些需求是市场上现有的产品所满足不了的，由此消费者想获得这种完美的用户体验，唯一的选择就是购买苹果的产品。

苹果在研发流程中，始终都贯彻着创造需求、走差异化路线的思想。无形的使用者体验和新的需求为苹果的产品创造出巨大的价值，这也为苹果公司的成功打下了坚实的基础。

愚蠢的公司一味地埋头走老路，聪明的公司紧贴消费者的需求，而高明的公司则会去创造需求，苹果公司就是这样的一家公司。除了诺基亚，朗讯和柯达的流程都是规范和精细化的，但最终却在生硬死板的道路上一个个地倒了下去。当今的中国，许多所谓管理规范化的外资企业也正在失去竞争力，那些一个报销流程都要从大陆转到美国总部去审核的所谓的完美管控流程的企业会在悄无声息中退出市场，这只是时间问题。

任正非说过，一切的管理都是为业务和客户服务的，我们不能够因为追求管理过程的完美完善，而忘记管理的本质就是为客户创造价值这个基本的原则。的确，在以互联网为主导的新经济形式下，一个公司的成功，一方面取决于其内在的活力，另一方面取决于公司对客户的创新能力，这两者是互为因果的，活力决定了对客户的创新能力，但是公司内部要有活力，其生产产品的过程必须要解放员工的思想，突破制约员工活动的掣肘环节，任何制度和流程，只要是制约员工创造力提升的，都必须要进行改革，那些一成不变的制度和流程，正在让员工形成习惯，而诸多习惯是创新的死敌，它会僵化人的思想和想法，扼杀员工的创新能力。

日本经营之神稻盛和夫在创办和经营京都陶瓷株式会社时，就十分详细地提及了标准和精细化管理，在他看来，一个完全基于客户需求分析流程走完的产品开发规划可能是失败的。因为员工只是在走流程，他们没有对产品激发出自己的灵感和对产品的爱，这样，流程虽然走完了，产品也就死掉了，因为里面没有融入人的活力。很多时候，一个绩效管理流程走完之后，为什么公司的整体绩效却无法得到根本的改善呢？因为管理者未能真诚地与员工进行对话和沟通，他们只是走流程，完成了考核打分，考核结束了，那么公司距关门也就不远了。

很多时候，规范与精细化管理思想，固执地认为员工是完成任务或执行命令的"工具"，他们无须去考虑为何这么去执行。很多精细化后的工作，会让一个高级知识分子型员工干极为低级的活儿。

张健在深圳一家大型的家电公司做质量检测员，该公司实施的是精细化管理模式，于是，张健的工作被精细化了，即仅负责测每个电子元件的电阻合格率。在一次谈话中，他打电话说道："我是一个机电科的研究生，毕业后本想着到这家大公司做大事，没想到却被分配到了车间做如此琐碎简单的工作。这种工作就是连高中生都能完成，根本不需要我这样的高学历人才。"

的确，管理过于精细化，细到琐碎，就基本上扼杀了员工的创新能力，他们拿着高薪做着低价值的工作，这样的企业在未来会逐渐地失去竞争力。

另外，规范化管理的背后也让公司彻底地远离客户。因为那些所谓的规范化流程，是以高层或老板为中心的，而非是以客户为中心的，是以不犯错误为导向的，也就是说，每个人以安全与低效来走完流程，就是一种胜利。比如，在一些大公司中，一个采购要走规范化的流程，最主要是为了防腐败，而不考虑采购成本和采购周期，采购人员更不会去关心预算是否高了，人的创造力和能动性完全被扼杀。也就是说，整个组织所有的员工不会去关注客户和市场的需求，只会注意是否能顺利地走完流程。要知道，在一个公司中，当客户被无视的时候，再多的规范化管理都只会将公司推入死路。

管理制度太烦冗是在给员工上"镣铐"

很多公司在创建之初，为了实现用人治代替"法"治，便搭建了十分复杂的管理体系，对员工从头管到脚，可以说是事无巨细，除了日常管理体系外，每个部门还制定出了属于自己的管理法则。比如战略管理、人事管理、采购管理、生产管理、安全管理、环境管理、质量管理、财务管理、营销管理、企业文化等企业管理的方方面面。这些管理体系看上去极为完善，很多时候它却是一种摆设，也等于在无形中给员工上了"镣铐"，对他们是一种沉重的束缚，无法使员工的能力以及创造性得到有效的施展。这样的公司毫无活力，死气沉沉，缺乏创造力，很容易死掉。

三年前，在广告行业从业多年的刘震在北京创建了自己的一家广告公司。对于当时的刘震来说，为开这家公司，他几乎压上了他的全部积蓄。为了将公司经营好，让员工都能最大限度地为公司创造效益，于是他制定了极为复杂的管理制度。从广告制作部到销售部，再到人事部，每一个部门都制定了十分严苛的管理制度，从对员工午休时间的限定，到他们上厕所的时间的规定，再到不同部门员工之间的工作交接、沟通时间的限制等，可以说是事无巨细，详尽异常。

可是，公司开张半年，刘震却发现公司的整体效益并没有自己原本想象的那样好，而且最主要的是员工每天看似紧张异常，效率却极低。后来，他发现这一切问题都出在自己的管理制度上，制度太过复杂、严苛，致使员工做起事情来缩手缩脚，不敢轻易提出自己的方案或想法，每个人也只是在被动地执行自己的命令。另外，还有一些制度与现实脱节，缺乏执行性与可操作性，无法有效地实施。有些规定即便达到了高标准要求，但是在执行过程中存在相当大的困难，这就是缺乏实践和未从实际出发的后果。

对于刘震来讲，他也是将精力重点放在了如何管理员工上面，而未能将心思放在如何去好好经营、提升客户的满意度和服务等工作重心上去。

小米总裁雷军说过这样一句话，但凡没有过亿的企业，其制度都不要太过复杂，工作重点应该放在经营上面而不是管理上。现实中，不少中小企业都在做着与刘震同样的事情，即为了强调规范化管理，将发展的重点放在制度上面，事无巨细，从头管到脚，太多的指点和限制会让人茫然不知所措，这也会在无形中捆绑员工的手脚和思想，其价值和能动性当然无法得到有效的实施。

不可否认，良好的管理制度可以让老板从杂乱无章的事务中解脱出来，专注于做最重要的事；让员工有一个公平竞争的工作环境；让每一个员工都知道自己的职责和应该做的事，提高工作效率；让企业有一个良好的形象，提高在客户中的知名度；打牢公司建设发展的基础；树立公司的核心竞争能力。但是，如果管得太多，那么只会让员工失去最好的自由发挥的空间。与其如此，不如让他们自己去做，相信他们能做好，也就是相信自己的眼光。

另外，太过烦琐、复杂的制度，会在企业中营造一种紧张的氛围，时时让员工感到紧张，他们随时都会在想：领导对我的工作满意吗？领导是不是不重视我了？这种氛围让员工揣摩领导的心理，为迎合领导的胃口开展工作，他们的精神压力往往过大，根本没有轻松和愉悦可言。在这样的工作氛围中，员工完全没有激情，只是机械地做事，更别谈什么创造性的工作了。久而久之，工作的效率开始变得异常低下，经济效益自然也好不到哪里去。

任正非说："最好的管理就是无为而治。"太复杂的制度对于企业来说只是"穷兵黩武"，老板的会因为太过追求复杂和烦琐的小事而忽视公司经营和发展战略这样的大事，员工也会因为被制度捆绑住手脚而变得畏手畏脚，能力得不到发挥。

中国古代大思想家老子曾说过："我无为，而民自化；我好静，而民自正；我无事，而民自富；我无欲，而民自朴。"他一直强调无为才能不为，强调无为而治。他认为治理国家要靠百姓的自觉行为，这样君王就可以实现不治而治的目的。

也许你觉得"无为而治"寄希望于百姓自觉遵守法律，自觉约束自己，是不可能实现的。不可否认，如果只是什么都不管，将希望寄托于百姓，那么确实无法实现"无为而治"，相反，很可能出现一片混乱。那么，为什么无为而治有可行之处呢？

其实，老子所倡导的无为而治并非什么都不做，而是要遵循大千世界的规律，尊重人的个性，有所为、有所不为，这是一种独特的思维方式。而用过于复杂的制度来管人，则是"有为而妄为"的行为，违背了"无为而治"的简化管理思想。

所谓"有为而妄为"，就是制度已经偏离了为求效益而管理的本质，过于烦琐、复杂，缺乏人文关怀。就像秦始皇一样，他是十分有作为的君主，他灭掉了六国而统一了天下，修建了万里长城，文治武功彪炳千秋。但是，为何强大的秦王朝仅存在了 14 年便土崩瓦解了呢？因为秦始皇笃信法家思想，以暴政维系其强大的帝国，过分地管理了国家，这就是"妄为"，结果激化了社会矛盾，让秦王朝彻底崩溃。这对管理有很大的启示：不要为了走捷径而"妄为"，即为所欲为地治理企业，而缺乏人文关怀。

老子说"治大国若烹小鲜"，就是说，治理大国和煮小鱼一样，不要总是翻动它、折腾它，否则小鱼就碎了。企业管理也是如此，最高的管理境界就是让员工感受不到你的存在，也能有明确的目标，懂得自我约束、自我激励，最大限度地发挥自己的创造力和能力，将个人价值与企业价值结合起来，既实现了个人的价值，也为企业创造了价值。

作为管理者，要少管甚至不管，要将更多的精力用于提升自己的修养，通过自律来影响全体员工，比如，关心员工、鼓励员工，对员工表达爱，通过自身的积极工作，带动整个企业的工作氛围，从而使员工自觉地对待工作。如此一来，你便不用费尽心机地管理员工，员工也能如你所愿地将工作做好。

不懂授权，你就自己累到死

在一些中小企业中，我们经常会看到企业主万分忙碌的身影，他们或者是在审阅文件，或者是在为部门负责人安排工作，或者与供应商谈合作的事情，或者是在向员工细细询问工作进度的事，总之一个字——"忙"。

还有的管理者或企业主经常会忙于会议，上午开大会，下午开小会，晚上给员工开传达会，第二天接着到各地去开产品研讨会、营销会，还规定员工每天早上开晨会、晚上开总结会，还有周会、月会、季会、年会等，他们个人整天陷入各种各样的"会山会海"

中，还拖着企业中的员工每天在"会议"中畅游，却全然忘记了企业经营的方向、新产品的创新和员工的执行力等重要问题。

除此之外，还有一些管理者十分热衷于收集报表，无论这种报表企业是否需要，目的是什么，嘴里不停地喊着，要将每个员工的表现进行"数字化"，这是为了跟上形势。对这些管理者来说，如果不开会、要报表、指派工作就无法体现自己领导的地位似的。这些管理者总爱将公司的大权集于一身，并且牢牢地抓住不放，什么都要自己亲自参与、监督，生怕被属下钻了空子。他们根本不懂得授权，或者说不愿意授权，将自己置身于"忙碌"的状态，从而耽误了公司发展的大事。

为了说明授权的重要性，诸葛亮这个历史人物，经常被一些商学院教授拿来当反面教材。

在东汉末年，群雄并起，各方诸侯混战。刘备三顾茅庐，诚邀诸葛亮出山。诸葛亮深受感动，决心辅佐刘备成就一番霸业。在辅佐刘备期间，足智多谋的诸葛亮赢得了刘备的信任与众人的敬仰，而敌人则对他畏之如虎。但人非铁打，诸葛亮最终积劳成疾，五十来岁就在五丈原匆匆告别了人世。这在里，与其说诸葛亮是病死的，不如说他是因为"事必躬亲"而累死的。

诸葛亮的悲剧让人着实痛惜扼腕，但是从某种程度上讲，造成这种悲惨结局的人是他自己，怪不得别人。我们不妨从管理学的角度来审视一下这件事：虽然诸葛亮鞠躬尽瘁，死而后已，但因为不懂得授权，最终导致失败。诸葛亮将行政与军事大权揽于一身，从行军打仗到皇帝身边的小事情，都要亲自过问，尤其是在刘备去世之后更是如此。诸葛亮一身多任，虽然有面面俱到之心，却分身之术。他这样做累垮自己不说，部属的潜能也难以发挥，结果是自己的宏愿变为泡影，只能带着遗憾离开人间。

实际上，在现实中，有些问题是不需要领导过问的，有些会议不需要领导亲自参与，有些工作也不需要领导亲自去做。所有这些过度管理的现象，都是因为领导对于管理的领会不够深刻，未能真正领会管理的含义，属于过度管理的范畴。管理大师德鲁克指出，管理者的职责是引而非运营。在任何一个组织内，管理者的职责都是最大限度地调动各方面的资源，联合各方面的力量，齐心合力地实现组织的目标。管理者没有三头六臂，不必事必躬亲，但是管理者又必须对每件事情承担自己的责任。只有合理授权，管理者才能拥有更多的精力思考企业的整体规划，才能使组织创造出更出色的业绩。

从另一个方面来讲，对下属能力的不信任，也是对自己的不信任。只有通过合理授权，才能充分发挥下属的能动性和创造力，让他们带着想法和激情去工作，才能为组织创造出更大的价值来。

百度公司李彦宏在日常管理中就十分注重对下属进行授权，他很乐意做个"甩手掌柜"。因为在他看来，只有在企业内部实现放权，让员工高度自治，才能够激发员工的工作热情。

回顾百度的创业经历，李彦宏坦言曾经遭遇过诸多的坎坷，而这些坎坷之所以能够顺利通过，一方面是由于他对理想的坚持，另一方面是因为他懂得相互协作，懂得如何将有用的人才放在合适的位置上。他表示："现在没有一个伟大的理想，是靠一个人能够实现的。"

李彦宏更愿意将自己定位成一名工程师，因此，在创业之初他并没有刻意去学习什么管理经验，而是寄希望于可以找到一些懂管理的人来管理企业。后来因为公司上市的需要，他的职务才从总裁变为CEO，即便如此，他也曾只想管三个人：CTO（首席技术官）、COO（首席运营官）、CFO（首席财务官）。

李彦宏曾用简单的四句话来描述百度的用人理念：第一，招最优秀的人；第二，给人才最大的发挥空间；第三，看最后的结果；第四，设法让优秀的人才脱颖而出。至于所招的人才"贵不贵"，从来不是百度人才引进的首要考虑因素，他的方法是先招进来，再给人很好的空间让其发展。

一直以来，李彦宏都强调百度注重每一个员工的授权和信任，并且允许员工犯错误，甚至提供相应的试错机会。他曾说："如果下属的意见跟我的想法不相符，我会按照他的路先走，等他走不通了，再按照我的想法来一遍。"

很多管理者"不可一日无权"的思想根深蒂固，觉得自己当上了"头儿"，就要事必躬亲。貌似如果不这样，自己就不是一个负责任的人似的，这样做所导致的直接后果是：他所领导的团队变成了救火队。管理者变成了救火队长，下属变成了救火队队员，哪里出现问题，管理者就会亲自指挥员工去救场。表面上看，这样的领导是个负责任的好领导，实际上，这正说明了管理水平的平庸。因为这样做会让管理者忘记本职工作，最终结果是"头儿"忙得团团转，下属天天发怨言，大事上面顾此失彼，小事上面漏洞百出，工作效率极其低下。

同时，还会引发管理者与员工之间的信任危机。因为管理者一竿子插到底会使得员工的作用越来越小，给员工带来的感觉是"领导对我们的工作是极不信任的，他不相信我能够做好这项工作"。于是，员工在这种氛围中想着，反正会有人来纠正，也不会用心去做好工作了。

在这样的氛围中，员工只是将工作当成一个任务在完成，因为即便做得再好，领导也是会给出建议的。也就是说，员工会因为怯于领导的权威不敢与领导针锋相对地讨论。

在某些时候，在某一项工作中，管理者并不是这方面的专家，如若太过自信，滥用自信，就属于过度管理的范畴。这类管理者不会去围绕企业目标的实现去制订计划、分解计划，他们不懂得授权，而是在琐事中将自己忙死为止，导致整个企业的工作效率极其低下。

德鲁克指出，管理有三种境界，第一种境界是，事必躬亲，十分忙碌；第二种境界是，有人分劳，管理者只掌握原则，这是中策；第三种境界是，大胆授权，人尽其责，管理者只需做到全程掌控，在具体事情上无须操心。所以，如果你是一个为公司琐事而疲惫不堪的管理者，那就试着去授权吧，这样才能让你的组织发挥最大的能动性和创造性，从根本上激发组织的活力。

对员工要求太过苛刻，就是在消耗自己

刘强最近颇为焦虑和忧心，因为最近他公司的员工都频频离职，再加上公司近年来效益不景气，他的几条生产线已经陷入停滞的状态。如今他的桌子上放着三个技术员的离职信，他一时也不知道该如何是好。当然，刘强心里也清楚，最近离职员工不断增加，是因为他开始亲自抓管理了，管得比原来严苛了。对此，刘强也是无奈，因为生产资料和用人成本的增加，再加上市场不好，他必须要通过加强管理来降低损耗，提升利润。

为了尽力挽留那几个将要离开的技术员，刘强通知人事部将三人叫到办公室，仔细地询问他们离开的原因。其中一个技术员说："总经理，我觉得现在公司管得太严了，就拿考勤制度来讲，迟到、早退统统都要扣钱，上班用手机也要扣钱，甚至中午多出去 5 分钟

都要扣钱，我这月的奖金已经被扣得差不多了，这样下去也无法养家糊口呀！"

另一个技术员接过话，说道："实话讲，公司管得严苛倒也无所谓，但是每月的工资若能及时到位也行呀。我在公司干了四年了，总是那么点儿工资，还总是被拖欠，更别说加班费了，总是一拖再拖。还总被车间主管命令做这做那，必须要言听计从，否则就要扣钱，这样干下去，实在是没有信心呀。"

最后一个技术员又接着说："我们知道现在公司发展遇到了困境，可总不能用'新官上任三把火'来掩盖公司当下的发展窘境吧。最近我们车间总是被严厉的'空降'主管压制得喘不过气来，他总是在早会的时候强调不许偷懒，提升效益之类的话，真是让人难以适应。"

……

刘强的公司之所以会出现离职潮，最主要的原因在于他对员工的"过度管理"，主要表现在以下三个方面：

1. 罚多赏少，只会失去人心。

央视著名主持人白岩松说得好："任何一个企业，只要到了开始强调考勤、打卡等纪律的时候，一定是它开始走下坡路的时候。"刘强的公司正是这样的状况，老板发现效益不好，不去找真正的原因，就想着如何去抓员工管理，就拿考勤制度来讲，只讲扣钱，罚多奖少，因为赏罚不分明，自然就会失去人心，员工在心力交瘁、度日如年的环境中工作，只能被迫离职了。

2. 只跟员工讲付出，不讲应给他们以怎样的回报。

公司为了提升效益，给员工制定了各种各样的规定，主管给员工洗脑，只让他们付出，却不讲回报。工资和奖金迟发不说，也不给那位干了四年的技术员加工资，这只会激发员工心底的怨恨，他们辞职也不足为怪了。

其实，在现实中，许多管理者也总是会请来专门的"培训"人员，给员工灌输忠诚于企业的思想。幻想将员工训练成一群只会听话干活，不求回报的"义工"，但这只是他们的一厢情愿，也许在第一次通过精心的课程设计，通过煽情等方法让员工临时对公司感恩戴德、痛哭流涕，让员工觉得没有尽到应有的责任，要通过努力工作来报答企业的恩情。但却持续不了两天，就会回到原本的状态，当他们在那乌烟瘴气的环境中工作，得不到应有的劳动保护时，拿着微不足道的靠计件获得收入时，被管理者呼来喝去的任意罚款时，他们也不可能对企业再付出忠诚，也不会将企业的利益放在首位。

德鲁克告诉我们，身为员工，他要求能够通过工作，在职位上发挥所长，建立自己的地位；他要求企业履行社会对个人的承诺：通过公平的升迁机会，实现社会正义；他要求从事有意义的严肃工作。此外，员工对企业最重要的要求还包括：建立高绩效标准、具备高度组织和管理工作的能力，以及能够明确表达对于良好工作表现的关注。如果企业不尊重员工的诉求，又如何指望员工来尊重企业呢？我们需要牢记德鲁克的教诲："企业绝不能变成'福利公司'，企图包办个人生活的所有领域，无论就个人对企业的要求或企业提供的满足而言，企业的角色都必须要局限在社会的基本机构上面。要求员工对企业绝对忠诚，就好像企业承诺对员工负起百分之百的责任一样，都是不对的。"

3. 通过"空降兵"来加强管理。

公司效益不佳，刘强企图利用"新官三把火"来改善公司的困境，这反而让员工更无所适从。因为冰冻三尺非一日之寒，如果改制推进过快，造成大部分下属员工来不及适应其新政的节奏，而空降的职业经理人却总说适应不了就走人，其结果就是造成老员工无可奈何地被迫辞职。

在这里，管理者需要知道的是，对于中小企业来讲，在待遇不高的情况下，要留住人，需要先讲情，后讲理，最后再讲法。所以身为管理者要懂得动之以情、晓之以理，再通过管理制度来慢慢约束，进而使企业达到一种和谐的状态。尤其是小型企业或者是公司的核心团队，切勿动不动就制定严苛的"制度"来强硬地惩罚他们。因为生活中多数人是要面子的，你若伤了对方的面子，他们自然不会理会你的道理甚至制度。若遇到问题，你总是先给足了对方面子，再给他们讲清了道理，他们自然愿意去配合你的制度。也就是说，身为管理者一定要学会"软管理"，运用过于强硬的方法只会适得其反。

其实，在企业中，对员工过度管理，就是在消耗自己。你若管得太过严苛，除了会"逼"走员工外，还会造成以下几个方面的危机：

1. 无效沟通。

在企业中，如若管得太过严苛，员工会因为惧怕领导的责怪，而只会报喜不报忧，这便会造成无效沟通。要知道，在企业中，如若出现信息不畅与缺乏领导与员工之间双向的反馈，信息就会有失准确性、有效性和及时性，企业因此会错失良机。

2. 员工之间推卸责任。

因为惧怕管理者，所以员工为了避免因为自己的失误而受到制度或管理者的惩罚，于是在做了错事时，不敢主动承担责任，会有意地将责任推给他人。这样员工即便犯了错，也不会去真心反思自己的错误，使企业的效率整体下降。

3. 不利于企业建立起良好的企业文化。

过于严苛的管理环境会使员工唯唯诺诺、战战兢兢，即便有个人的想法或好的建议，也不敢轻易表达出来，他们只是在沉闷的环境中，被动地完成任务，做企业的"工具"。长此以往，就会形成一种毫无创造力、缺乏生机和活力的企业文化，这种文化只会使企业内部缺乏创新力而被市场淘汰出局。

别拿他人的管理经验来不断折腾你的企业

一浙江老板在深圳投资办厂有两年多了，主要生产装饰材料。在开厂的第一年用40多万的年薪，聘请了一位在同行中当过生产厂长的A出任厂长，A员工在装饰行业中混迹多年，拥有一定的技术能力和管理经验，上任时还带来一帮技术方面的骨干。在2013年底，该浙江老板对工厂进行年终审核，没想到从产值、效益到管理，都没有达到理想的预期。

在2014年初，该老板又聘请了另一位B厂长上任。对于该企业来讲，人事的更新是件好事，意味着新的思路、新的管理、新的不同预期。但是问题在于老厂长A走了，其带来的一批技术骨干也跟着辞职了。新厂长B又找来另一批技术骨干担任要职。新的厂长新气象，要抓生产，定制度，控成本，看似有办法，但半年过去了，一个极为残酷的事实摆在企业面前，产品的质量频频出现问题，致使大量的老客户流失。

后来，这位浙江老板通过仔细调查发现，以上两位厂长问题皆出在管理上，两位厂长都有资深的管理经验，但是他们都将原来的经验生搬硬套到工厂中，皆造成了不好的管理效果。

这个故事告诉我们，一个企业的人才也好，技术也好，管理也好，营销也罢，都要注重企业的本土培养，不能单纯地依靠外援，否则，生搬硬套的结果只会使企业"水土不服"，从而起到适得其反的效果。

其实，在现实中，很多企业也会为了追求所谓的"先进理念"，不断地将别人的管理强硬地移植到自己的企业中，结果是越搞越糟，不断地折腾，致使企业走到崩溃的边缘。关于"生搬硬套"他人管理经验的问题，管理大师德鲁克早就警告过我们：你没有办法"复制"或者"转移"任何的管理经验。就像你闻到一朵很香的玫瑰花，这样的经验是无法转移的，每个人都必须自己去闻玫瑰。这句话是德鲁克通过对一些著名企业成功与失败的研究所阐发出来的管理学的要义。他特别强调：管理学是由管理一个工商企业的理论和实际的各种原则组成，管理的技巧、能力、经验不能移植并应用到其他机构中去。所以，我们不要照搬其他企业的成功经验，尽管那些经验看起来那么完美，但并不一定适合你所在的企业。

华为公司能够从一个小公司异军突起，成为中国科技领域有影响力的企业，其主要靠的是优秀的管理。为了实现管理上的优秀，华为制定了一套属于自己的管理体系，他们始终坚持最有效的管理，这是及时、准确、优质、低成本交付的基础。对此，任正非说："在任何时候，我们都坚持不将工作复杂化，不过于强调多难来选用干部，要强调以做好事情来识别干部。我们要坚持从成功的实践中选用干部。猛将必发于卒伍，宰相必取于州郡，这不是唯一的选拔方式，但是最为重要的形式，我们不要教条化、思想僵化！我们鼓励员工到艰苦地区、艰苦岗位上去工作，他们要坚持自我激励、自我进步。但组织也要关怀他们，坚持不让雷锋吃亏的价值导向，促进一代又一代的新人成长。

"另外，我们还要熟悉使用权与管理权相分离的干部管理制度，以保证建议权/建议否决权、评议权/审核权、否决权/弹劾权三权分立的制衡制度的实施。但我们担负监管任务的干部，不可太激进，宁可你们右一些，凡事打个七折，也不要做矫枉过正的事情，以免留下后遗症，这样才能保持队伍的健康稳定。

"实行长期激励与短期激励相结合的机制，促进干部使命感、责任感的形成。我们要重视那些有成功实践经验，并无私奋斗的员工，优先选拔他们，这就是我们不能让雷锋吃亏的假设。"

不可否认，任何一个企业都有属于自己的特点，都有独属于自己的特殊性、人文特性、工作属性等，为此，身为管理者切勿生搬硬套别人的管理经验，一定要在不断地摸索中建立一套属于自己的管理方法，这样才能使管理思想得以灵活运用，对"症"下药，激发企业的活力、员工的能动性和创造性，使管理成为提升效益的有效"工具"。

一切无法产生"效益"的行为，都属于"过度管理"

管理是一种复杂的艺术，它讲究的是一个恰到好处的"度"。比如，一个企业若不强调精细化管理就难免会造成浪费行为，而若过度地强调精细化，则会扼杀员工的创新能力。若管得太多，管得太严，会让员工失去灵活性，致使公司走上僵化的发展道路；而若管得太少，太松散，就会助长员工的惰性，将企业拖入万劫不复的深渊。管理者若干涉太多，自己累死不说，还会限制下属能力的施展；如若一味地将权力下放，只会失去对企业的控制权……如何把握好每个管理细节方面的"度"呢？这个看似复杂的问题，其实有着共同的答案，那就是看你的管理能否产生"效益"，确实地说，是否能为客户创造价值。

德鲁克指出，管理是没有统一模式和标准的，它只是企业实现"效益"的一种工具，只要是能够让企业产生效益的管理都是有效管理，否则，则被视为无效管理。也就是说，管理最重要的职能就是：只对绩效负责，更明确地说，就是只对能否为客户创造价值负责。当然，过度管理因为偏离了这一目标，属于无效管理的范畴。

对此，许多管理者在现实中，常存在一些管理上的误区，我们要懂得改变一下自己的管理观念。

1. 为努力鼓掌，为结果付报酬。

在公司中，我们常会听到这样的说法："我虽然没有功劳，但是也有苦劳啊！""我是公司的元老，就算没有做出成绩，但也流过汗呀！"等等，人们只是关注自己对于企业的付出，却不关心这样的付出是否能够产生绩效，很多人的衡量标准是他自己的付出，而不是付出的成果。所以，在企业中常常看到的结果是苦劳的人得到肯定，有历史的人得到重用。但是你要清楚的是，只有功劳才会产生绩效，而苦劳则产生不了绩效。

虽然我们说企业除了管理，还要讲人情，但正是这种讲人情的行为违反了管理目标，所以要想让努力者与有能力者都能发挥最大潜能来，那就要懂得艺术地处理这一悖论，即为努力者鼓掌，为结果付报酬。也就是说，对于努力上进者，我们要给予口头上或精神上的奖励，以让人得到精神上的满足；另一方面对那些真实做出成绩者给予实实在在的报酬奖励，这样既不让"劳苦"者心寒，亦不让有能力者的才能受到埋没，进而营造出和谐的氛围来。

除此之外，对于态度端正与能力卓越者，也可以用以上的方法。

在企业中，人们关心态度似乎多过关心能力。因为人们习惯上总是喜欢态度好的人，喜欢听话的人，喜欢加班的人。似乎态度端正者，一定能成为强者，同样的机会摆在面前时，态度好的、能力平平的人更容易受到重用。实际上，态度端正者不一定能够创造"效益"，所以，我们重用态度端正则创造不出效益的人，实际上也是一种"无效管理"。

小李和小刘都是一家软件公司的程序员，小李是一个任劳任怨、勤勤恳恳的员工，每一天都早来晚走，经常加班加点。而小刘则是一个准时上下班、从不加班的员工。结果，小李总是得到表扬，被评为优秀员工，还被提为小刘的上司。而小刘则从未得到过表扬，更加不会当选优秀员工。在年终汇总，小李尽管天天加班，态度端正，从完成的工作量和客户反馈上看，都与小刘有着极大的差距。在小刘心中，公司的这种做法显然有失公允，于是，在一年之后便辞了职。

但凡一个愿意好好思考的管理者，都会发现这样一个问题：小李的表现恰恰是能力不足的原因。而小刘的表现则正说明他的能力可以胜任这个岗位，完成任务。而这位公司的管理者则做出了有失公允的决定，使能力不足者得到提拔，使能力强者寒心，这便是管理上的失败。管理者要始终谨记一点：只有能力才能产生绩效，态度必须转化为能力才能产生绩效，这才是正确的管理观念。

2. "德者"与"才者"的任用冲突。

品德与才干一直是对于人才评价的两个基本面，任何一个管理者在用人的时候，都想用"德才兼备"者，如果得不到就先"德"后"才"。但从管理的角度来讲，在"德"与"才"两者相冲时，"才"似乎更能为我们创造"效益"，而品德需要转化成才干才能产生绩效，这违背了管理的根本目的。但是，很多管理者都会讲，一个人能力强，有才干，但是品德不好，那不是会对企业与社会造成极大的伤害吗？实际上，提出这个问题的人，至少在管理上是个"无能者"。要知道，人人都会犯错误，品德不好的人，犯错的机会比较大。但是，一个高明的管理者，会运用高明的管理方法，让这些德行不好者没机会犯错。这样既可以让他的"才干"得到最大的发挥，也能让"坏德行"毫无施展的机会，实乃一举两得的事情。

很多管理者在任用下属时，下属一旦犯错，便会责骂学校的品德教育的缺失，实际上，这恰恰说明了管理上的无能，让人有机会犯错误，才导致了这样的结果。

从实质上分析，管理的目的，即只对"绩效"服务。但是从方法上分析，管理就是对权力、责任和利益的一种分配。这里需要强调的是，管理必须要将权力、责任和利益进行等分，成为一个等边三角形，支撑着为企业创造效益。但凡在管理上出错，多数是因为没有使这三样东西构成等边三角形。现实中，许多管理者总是喜欢把权力、利益留下，将责任分出去，好一些的管理者将权力留下，将利益和责任一起分出去，也有的管理者认为责任和权力以及利益都应该留在自己手中，根本不作分配。这些管理观点都是非常错误的。

另外，管理者还需要注意一个问题就是，在任何情况下，经营都是大于管理的。许多企业，为了给员工鼓劲儿，会请专门的人讲解领导力或者是企业的策略，这种培训只会起到反作用，因为你的培训内容超过了员工所承担的责任，这样的培训我们称之为"培训过度"，当一个企业的管理水平超过经营水平的时候，这个企业便距亏损不远了。

第二章

找出"复杂病"的源头，挖出毁掉企业前程的"祸根"

在现实中，没有哪个企业愿意复杂，然而，很多管理者却不敢简单，不会简单，于是生出了诸多的"复杂病"。这些都是毁掉企业前程的"祸根"。对于管理者来讲，要想实施极简化管理，首先要找出公司"复杂病"的源头，并且找出有效的方法剔除它。

要知道，简单是企业实现高质量、高效、灵活的重要方法。简单能够降低时间和人力成本，为企业带来利润。简单也抓住了管理的本质，使责任、信任、管理与控制都一目了然，使企业专注于最具竞争力的行业与产品，生出高效益来。本章提供了一系列化繁就简的方法，简单易懂，简洁易行，教你如何理解简单、做到简单，如何透过现象看本质，如何高效管理企业，使企业结出"大利润"来。

企业的利润就是这样被"吞噬"掉的

在日本的"电视冠军"节目中，有一位水果达人，为了让果树结出最硕大、最甜美的果实，在果树开花后摘掉大部分的花朵，仅留下两三个花苞。对此，他解释道："我要让全部的养分都灌注在这几个花苞上，这样自然就能够结出最大、最甜的果实来。"

水果达人的秘诀非常值得参考。我们可以试想，有这么一株大树，状似枝繁叶茂，侧边横生出许多细小的枝干，花朵又多又漂亮，也沐浴了足够的阳光，吸收了足够的养分，然而，结出的果实却很小。这是为什么呢？因为这些细小的枝干都在吸收养分，与果实争抢养分。

如果将一个企业比作一株大树的话，那么其细小的枝干便是利润的侵蚀者。比如，冗长无聊的会议、做表面功夫的每日晨会、毫无意义的员工培训、上下级之间各种的无效沟通、各种对企业无关紧要的琐事等，如果你能够果断地将那些抢夺"利润养分"的旁枝细干大刀阔斧地砍掉，所有的养分都被果实吸收，那么，结出的果实一定会又大又甜。

可在现实中，我们的企业经营者或管理者每天都会被无休止的事情所包围，在复杂的旋涡中挣扎。是企业本身就复杂，还是我们人为地将企业搞复杂了呢？追根溯源，在企业管理中，很多企业之所以掉进复杂的怪圈中，一般是管理中的各种"毒素"所致，具体表现为：

追求完美	你追求每一个细节，眼里容不得半点瑕疵，那么，面面俱到会让你抓不住重点，把简单的事情搞复杂。直接导致成本飙升，使产品或服务失去价格竞争力。
目标不明	如果你在做事之前没有把握好大方向，走了很多弯路之后又回到原点，事情能不复杂吗？这样的复杂会使企业失去抢占市场的诸多机会，终因反应迟钝而失去竞争力。
无效沟通	信息浩如烟海，沟通有无限种可能，理解偏差在所难免，于是各种各样的复杂情况出现了。这会导致效率降低，企业的成本飙升，失去价格优势。
不够整洁	你的东西总是一堆堆地摆放，没有次序，永远不能一下子找到自己想要的，一切都是那么复杂，直接导致工作效率低下。
任务含糊	你下达的指令总是含糊的，员工在迷惑中做事，事情能不复杂吗？这会直接导致效率降低。
文山会海	如果一个小的指令都需要几页纸，一个小的决策都需要开几次全员大会，这样必然会导致复杂，导致效率降低，进而影响效益。

以上"过度管理"的"毒素"是侵吞企业利润的主要因素，是影响企业效益的致命"祸根"。可想而知，以上的因素导致的直接后果便是效率低、成本高、产品或服务毫无特色、失去价格优势等，这都是因为复杂造成的，而每一种后果都足以令你的企业窒息而亡。

韦尔奇强调，管理不需要太过复杂。他说过："作为领导者，他必须具有表达清楚准确的自信，确信组织中的每一个人都能理解事业的目标。然而做到组织简化绝非易事，人们往往害怕简化。他们往往会担心，一旦他们做事简化，会被认为是头脑简单。事实证明，只有真正的管理者才会实行最简化的管理。"现实中，很多管理者会将简单的问题复杂化，多数时候是为了彰显自己的重要性和凸显自己的管理才能。事实上，真正高超的管理者，都是极简化管理的实施者。

宝洁公司的制度具有人员精简、组织结构简单的特点，并且该制度能与公司的行政风格相吻合。宝洁公司制度的这一特点，集中体现在该公司倡导的"一页备忘录"里。宝洁公司的前任总经理查德·德普雷是一个做事雷厉风行的人，他有一个习惯，就是从来不接受超过一页的备忘录，他常在退回去的备忘录上面写道："把它精简成我想要的东西。"

要出"高效益"，就从极简管理开始

"极简主义"翻译为"Less is more"，指的是少即是多，它指的是一切从简，即是获得。如今，这已经成为多数人的生活理念。极简主义应用到管理的范畴，便有了极简主义的管理风格，它强调的是专注聚焦，抓住核心价值。德鲁克说，管理就是两件事：降低成本、提高效率。而极简主义的管理风格正是通过简化管理的方式来降低内耗，提升效率，进而成就企业的"高效益"。

在 2007 年 11 月 15 日，飞利浦全球 128000 名员工全部都停工一天，为了是让员工讨论"简单与我"。这一天的讨论，机会成本高达 1 亿美元。简单，这有什么好谈的？而飞利浦公司为何要这样做呢？

为此，飞利浦把用了快十年的企业口号"Let's make things better"（让我们做得更好）换为了"sense and simplicity"（精于心，简于形）。

在接下来的时间里，飞利浦在全球举行多场简约盛会，对外推出令人耳目一新的简约设计，和消费者重新对话。简单，不只是设计和开发部门的事，随着组织的简化、目标的调整，全部的员工都需要用更简单、快速的方式沟通。简单化已经成为飞利浦的必备能力和共通语言。

如今，极简主义已经深入企业管理的方方面面。科技流行极简主义，设计流行极简主义，功能流行极简主义，在很多优秀的跨国公司内部，极简主义的管理风格也在盛行。

通用电气有 34 万名员工，遍布全球的 100 多个国家和地区运转起来，为什么？因为简单。通用的简单，在于勾勒了以一年为一个单元，以一个季度为一个小单元的战略执行系统，简单得不能再简单。而正是这种简单的管理模式，使通用电气公司的利润增长，使公司的整体效率上了一个台阶。

一般来讲，极简主义的管理风格有以下几个特点：

1. 极简主义往往从事情的本质出发；

2. 极简主义能够减少冗余的信息，减少过多的主观；

3. 极简要求做到专注和聚焦，不再遍地开花，什么赚钱做什么，而是聚焦于某一个领域，将产品做精、做细、做深入，做到富有竞争力。

另外，极简在管理中有如下的应用：

1. 关注价值。

极简管理要以终为始，不断地更新迭代，始终关注价值。以价值高低为标尺，判断哪些事情值得去做，哪些策略应该执行；强调员工的激情与参与，提高组织目标和员工发展的契合度；要始终坚持自己的价值观，坚持价值优先的判断依据。信奉极简式管理的经营者或管理者，往往都会以最少的工作取得最有价值的成果。

2. 组织结构简单。

在激烈的市场竞争中，效率就是一切。为提升效率，管理者会最大限度地简化组织结构，以确保沟通的高效性，进而快速地把握市场，赢得机会。

3. 设计和产品呈现简单化。

极简管理的管理目标，始终以为客户创造价值为终极目标。为了更好地赢得客户，管理者始终能站在客户的角度思考问题，追求产品的精益求精，在设计和营销上也追求极简化管理模式。

4. 减少浪费。

一些在大公司工作的经营者或管理者，都有这样的体会：大公司的资源相对充裕，很多时候，他们更关注体系的建设而不关注解决问题，这让管理陷入复杂化。而实际上很多企业不是缺少管理，反而是管理太多；不是体系建设不足，而是系统能力不足；不是员工执行力不行，而是管理指令太多导致无法执行。

采用极简式管理的经营者，往往会砍掉那些冗长且无意义的会议，不再做冗长的报告。同时，他们会时刻提醒自己要保持最少量的干扰，让员工能自由地发挥，工作说明要清晰易懂；要避免冗长，忽略那些繁文缛节，舍弃掉那些为了证明存在而存在的流程。

5. 专注于聚焦。

这是一个信息超载的时代，如果企业的管理太过复杂，组织的层级太繁多、制度体系复杂、任务分工复杂，甚至连企业文化都搞得很复杂，那么整个组织团队就会无法聚焦到真正有价值的事情上面。尤其是创业公司，在资源有限的情况下，人的时间和精力都是稀缺资源。专注则是一种昂贵的易耗品，专注力就那么多，当我们无法做到专注聚焦时，所付出的代价可能是无法将自身的潜能完全发挥。

从上而下的极简管理，能让员工只需要关心如何把事情做好，形成一种高效率的思维意识和执行风格，把宝贵的精力聚焦在最核心的事情上面。以极简的管理方式使企业的不同部门和个体目标快速一致，有效协同，减少资源浪费，形成速度和资源上的高势能，做好每阶段最重要的事情，才是通往成功路上的"捷径"。

6. 更多的包容。

极简管理的另一个作用是，团队会变得更具包容性。因为你聚焦价值，将精力都放在了有价值的事情上面，对于周围的人与事，你能够更为清晰地看到有价值的东西，而不被那些不好的事情、不好的情绪所遮蔽。而且，人又是一种情绪动物，情绪的作用是相互的，多余的负面情绪会带来更大的团队管理成本。

因为极简，能够产生更多的包容，包容团队个体的差异化，能够让团队更加明确所做的事情的价值所在，能够激发出更多的正面情绪，让整个团队释放出更多的正能量。没有人能够靠忍耐行事，基于价值的包容才能够让团队更有持久的凝聚力，从而创造出更大的价值。

德鲁克先生的管理理论中强调管理的"有效性"。管理应当有效，是促进协同，提高效率，而不是复杂化。总而言之，极简的管理方式就是要通过砍掉一些看似合理实则无价值的东西，来尽可能地减少那些明显弊大于利的事情，化繁为简，既能节省时间，又能提高效率，是一种集简单与高效于一体的企业。

总之，无论你的企业有多么宠大，无论你的客户有多么广泛，不管你的员工数量有多么惊人，你都要相信，一个能够抓住重点、把握方向、找到简单方法并有效执行的企业，总是成功的。

奥卡姆剃刀理论：聚焦客户，尽可能地减少干预

14世纪，著名的逻辑学家威廉提出了一个"奥卡姆剃刀理论"，讲的是，如无必要，勿增实体，即"简单有效原理"。此理论曾应用于多个领域，具体用在管理学方面主要体现在，一切的管理活动应该建立在"聚焦客户、简化管理、活力创新、实现价值"这些目标上，凡干扰这一具体管理目标的空洞的管理概念都是累赘，应当一律取消。的确，当下我们面对差异化市场的激烈竞争，希望以所谓规范化和精细化来实现竞争力的时代已经过去，今天我们需要化繁为简，重新回归到管理的本质，即为客户创造价值这一唯一管理目标，凡违背这一目标的管理形为，都应该被剔除。

奥卡姆剃刀理论认为，随着企业的不断发展，它正在慢慢被一些自己制造的麻烦而压垮。事实上，我们的组织正在不断地膨胀，制度越来越烦琐，文件越来越多，效率却越来越低。这迫使我们必须要采用简单管理，化繁为简，将复杂的事务变简单。为何要将复杂变简单呢？因为复杂很容易使人迷失，只有简单化后才利于人们理解和操作。随着社会、经济的发展，时间和精力将成为人们的稀缺资源，管理者的时间更为有限，许多终日忙忙碌碌的管理者却鲜有成效，究其原因正是缺乏简单管理的思维和能力，分不清"重要的事"与"紧迫的事"，结果成了低绩效或者失败的管理者。从这个意义上讲，管理之道就是简化之道，简化才意味着对事务真正的掌控。

当然，当一个企业实现了"聚焦客户"的管理目标后，就是简

化管理的开始。有些人可能说，一个伟大的企业应该先"聚焦战略"才是。这没错，但是聚焦战略的关键就是聚焦客户，任何忘记客户的战略都在瞎忙活和寻求自我安慰。

当然，聚焦客户的本质就是一切管理的出发点和归宿点都从客户中来，并到客户中去，就是千方百计地为客户创造价值。现实中，我们所有的管理行为都要紧紧地围绕能否为客户创造价值这一核心理念，任何不满足这些需求的行为、流程和组织都需要被裁掉，任何不满足这些需求的战略都要重新定位。

现实中，许多企业都过多地将关注点锁定于自身财务的改善，即要创造多少收入，获得多少利润，如何减少成本等，实际上，这些都是以自我为中心的战略，不是以客户为导向的战略，如果你不能将精力用于让多少客户满意，让多少客户实现价值，那么你的战略就是孤芳自赏，与这些有关的管理行为都应该被淘汰掉。

华为董事长任正非在一次会议上讲道，我们为何要以客户为中心？因为我们所有的收入都来自客户，我们给股东、供应商、员工的钱都来源于这个收入，确实，客户是我们的衣食父母。很多人认为来公司是给老板打工的，其实不对，是给客户打工。我们为客户服务，把产品给客户，客户给我们钱，老板是管理公司和分钱的人，每个员工都是要给公司创造价值的人，所以我们是通过为客户创造价值来实现企业的价值。

当年，华为公司在拟定基本章程时，开始写的是"为客户服务是公司存在的理由"，任正非看后果断地要求加两个字："唯一"，即"为客户服务是公司存在的唯一理由"，没有其他的理由。对此，任正非说道："企业的生存发展有一个基础，华为的发展基础是：第一，企业必须活下去；第二，必须活下去并取得商业成功。为了达到这个目标必须坚持两条重要的准则：第一，客户需求是企业发展的原动力；第二，为客户服务是公司存在的唯一理由。"

有了这两条以后，然后再做两点：第一，建立以客户为中心的流程型组织；第二，建立以客户为中心的企业文化。用组织来实现目标，用文化营造氛围，以这样样东西来支撑公司的发展。到底什么叫以客户为中心？我们研究后专门做了定义。即指的是盯着客户需求，永远持续改进。任何时候都要洞察客户需求，企业对于客户洞察力的高低也是我们公司管理水平的体现。客户需求不仅仅是Marketing（营销）的事，而是营销、销售、产品，包括售后服务、公司的管理层都要不断地寻找客户需求，这个客户需求就是行业的趋势。这个趋势包括用户的使用习惯、用户的使用需求、技术的发展趋势、全球的发展动态，这一条在华为做得很好。

实际上，简化管理的本质是把书读厚，然后读薄。那些不是为客户服务与战略服务的管理制度和行为，能不做就不做，能简化就简化，简化的背后是突出每个管理的本质，而不是简单删除，而是建立围绕以"聚焦客户"为中心的管理体系，果断地剔除那些违背这一管理中心的多余的管理行为。对此，身为管理者，你需要静下心来对你的管理行为进行如下反思：

1. 请反思公司做出的那个汇报材料PPT，是不是足够精美，如果精美，请简化，PPT不需要漂亮，需要说清楚问题即可。

2. 请反思你公司的会议，这些会议是否可以简化，哪些会议应该缩短时间，减少人员，拉大频度，不需要开的会议就不开，会议正在吞噬我们的时间，多一点时间关注客户比一切都重要。

3. 请反思公司的考核制度，是否可以不考核，是否可以只做绩效目标制定和沟通，减少考核，不要以考代管，是否可以只做组织绩效管理，而不做个人绩效管理？是否可以只考核管理者，而不考核员工？任何希望考核能够解决管理提升的想法都是幼稚的。

4. 请反思你公司里的培训制度，是否可以减少一些培训，多一些学习和研讨；请减少每家公司的 KPI（关键绩效指标），突出重点，不是一大堆考核指标，然后安排一班人去收集和统计分析，这些都是在浪费时间。

5. 请反思公司中的各种流程，比如生产流程、审批流程等，是否可以简化，是否可以进行一些合并，减少一些检查环节？

6. 请反思你公司的上下班打卡制度，是否可以让员工不打卡来上班呢？

如此等等，还有无穷的类似管理，正在吞噬我们的时间和精力，让每个管理者走出瞎忙的误区，让管理真正回归简朴，使管理真正地为提升效益服务。

完美主义是导致不完美的"罪魁祸首"

管理者要想在这个快节奏的时代中活得轻松一些，试着让自己保持凡事尚可的态度非常重要。管理中的许多"复杂病"，都是管理者的完美主义造成的。完美主义者可能造成工作上的恶性循环，因为追求完美都要受限于自身的条件，比如工作经验、人际关系、上下级之间的交流程序等。

"完美主义是一种流行病"，一本心理学刊物上这样说道。很多时候，它是导致不完美的"罪魁祸首"，有时它还是破坏主义。

IBM 被称为科技界的"蓝色巨人"，曾经也开发过 Windows 这样的电脑操作界面，叫作 OS/2，如是 IBM 能够追求简单一点儿的话，微软的命运尚未可知。

当初，IBM 的 OS/2 和微软的 Win95 展开争夺战时，在两个操作系统中都存在很多不完美，然而，Win95 率先推出来了，并迅速地占领市场，Win95 很快也升级到 Win97，不到一年又推出了 Win98，接下来又推出 WinMe 和 WinXP，而微软总是刚刚在新版本中修复了几千个旧 bug，又同时制造了几千个新 bug，以至于后来 Windows 系统都自带了自动更新功能，三天两头安装一个补丁。但是市场接受了微软，现在已经没有多少人知道还曾有过 OS/2，据说它的界面要比 Win95 漂亮得多。

IBM 因为太过追求完美，而失去了巨大的科技市场，使竞争对手完胜，可谓是遗憾至极。如今市场千变万化。机会稍纵即逝，过度地追求完美主义，会让你错失机会，在扼腕叹息中坐视他人的成功。正如丘吉尔所说："追求完美主义，就等于让自己处于瘫痪的状态。"有缺点，很好，这样才能不断地改进；不满意？80 分就足够你偷着乐了！不完美，往往才是真正的完美。千万别做为了追求 100 分，最终只拿到 0 分的"笨蛋"！

诚然，随着市场竞争的加剧，对产品的"精益求精"已经成为企业发展的一种趋势。但是，过度的完美主义，却只会导致生产资源的浪费，生产流程的烦琐，无效沟通的加剧，生产成本的增加，使产品在市场上失去价格竞争力。

完美主义者给自己定的标准往往高不可攀，因此注定会收获无情的挫折，甚至沉浸在失败前的担惊受怕和失败后的悲观中。要知道，凡事过犹不及，无论什么事情，过度要求完美，结果反而可能会背道而驰，如果出现这种情况将是十分危险的。

一家出版社的管理者计划出版一部大型统计资料集，为了突出数据部分的视觉设计效果，他特意找来两位设计人员参与编辑工作。受电脑绘图技术水平的影响，设计人员要以逐一描面数据的方式来制作全稿。如此一来就要花费很长的时间。设计人员认为，既然是最新的资料集，那么任务自然繁杂，估计要用半年的时间方能完成图片的全部设计工作。

然而，出版社的管理者却为了追求完美，给了他们十个月的制作时间，希望能制作出市场上绝无仅有的，全面无疏漏的资料集。然而，出乎人意料的是，一年过去了，稿件只完成了八成左右。而且这部稿子面临夭折的危机，因为已经有其他出版社出版了类似的资料。因此就算继续完成似乎也已经没什么意义了，最终所投入的金钱和人力全都付诸流水。

许多管理者过于追求工作的完美，而耽误了许多的时间和机会，浪费了大量的人力、财力、物力。工作马马虎虎自然不可取，但是过于追求完美同样也是有弊端的。如上例中的出版社管理人员，一味地追求产品的完美，每个细节都要求准确无误，最终拖延了时间，导致工作的失败。

优秀管理者的工作原则是工作开始时一定要努力做到完美，但是，达到一定的标准便应该满足；哪怕出现一丁点儿的问题，只需牢记在心即可，可以作为下次的教训，不可过于在意，以致酿成管理上的失误。

过于追求完美会导致过度关注细节而忽视大局，从而使效率降低，使许多人力、物力浪费在一些无关紧要的事情上，最终使得事情失败。对此，管理者应该参照以下两点：

1. 将目标定得高一些，将标准定得低一些。

管理者应当将做事的目标定得高一些，而将标准定得低一点。如果用100分来衡量工作成果的话，身为管理者倒不如将合格分数定在80分，如果时机和环境允许还能进一步做好，可以适当地考虑。

2. 别刻意以自己的标准去要求下属。

管理者不要刻意地以自己的标准去要求下属，而应该将"80分主义者"和"完美主义者"区分开来。作为一个管理者，不仅要充分发挥其自身的影响力，同时还要懂得调动下属的积极性。如果将"80分主义者"的能力发挥出来，那么，整个团队的成绩就可能超越别的团队，从而形成效益最佳的团队，这样就能体现出你卓越的领导力。

别被一些"时尚管理理念"所忽悠

很多企业经营者或管理者经常会参加一些管理培训类的课程，常会听老师们一些十分"高端、大气、上档次"的时尚管理理念。他们将授课内容推向极端，将提高产品质量说得极为重要。于是，管理者在没有结合自身企业实际情况的条件下，便会学着在企业内部实施精益化管理。的确，如果单从理论层面去衡量质量问题，我们会觉得那些观点是卓越的。殊不知，正是那些貌似卓越的观点和理念，有时候却成为误导企业走向低效益的元凶。

张泉是武汉一家造纸厂的厂长，他近期参加了一个管理课程的培训，在课堂上，老师让学员讨论他的认识："品质越精良，对企业越是有利。"课堂中持这种观点的学员不在少数。这实际上是管理上的误区。

实际上，当大家在不了解企业自身的情况时，这种认识实际上是有漏洞的，在任何时候，我们都应该辩证地看待"质量"问题。如果企业在产品定位方面走的是精品路线，客户下的订单价格高，工厂的品质一定要精良；相反，如果企业的产品定位是中低端路线，客户也已定型，企业就要慎重地对待这个问题。对走中低端路线的企业来讲，生产线将品质做得极为精良，势必会造成质量浪费。客户满意度高，公司却没有利润。当然，没有利润就没有效益，这是投入和利润回报的"剪刀差"。那么这明显就属于过度管理，造成这种现象的是经营者被"卓越管理"的理念所误导。

在管理学中，我们强调"适用式管理模式"，并不是要与西方科学管理和日本精益管理唱反调，而是要让管理能在本土企业落地开花，让企业真正获得利润、出效益、促发展。

管理要立足客户，产生效益。所以，不要轻易被一些时尚的管理理念所忽悠。要知道，企业实行精益化管理，做精益求精的产品，是为了赢得客户，如果因此而失了"效益"，失了"利润"，那么就是赔本赚吆喝了，这样的管理理念就是在自毁企业的前程。所有的管理，只有既聚焦了客户，同时又兼顾了利润，这样的管理才是有效的。

任何一种管理方法都是要讲求环境的，只有与企业自身发展环境相匹配的管理方式，才能产生效益。正如德鲁克所说，你没有办法"复制"或者"转移"任何的管理经验。就像你闻到一朵很香的玫瑰花，这样的经验是无法转移的，每个人都必须自己去闻玫瑰。所以，自为企业管理者，一定不要"生搬硬套"去照搬别人的管理方法，更别让高大上的管理词汇或管理理念误导你，要善于置身于企业的实际环境中，善于摸索、总结和归纳，找出适合自己管理的新方法。

如果你是个有心人，在实际的工作中就能够摸索和学习到一定的经验和方法。如果你能够认真地总结、细心地归纳，找到适合自己的经验和方法，要比学习别人的方法有效得多。

美国加州的一家沃尔玛超市，通过对商品陈列的位置和销售状况进行数据分析和总结、归纳，发现啤酒和尿不湿这两种产品陈列在相近的位置，两种商品的销量都能得到提高。开始发现这个问题时，他们觉得是巧合。于是，总部负责人要求专门做试验。当啤酒和尿不湿分开很大的距离陈列时，两种商品的销售都会下降。再把两种商品陈列在相近的位置，销量又都提升起来。

他们否定了"巧合"因素，开始从规律方向找原因。原来，美国的年轻男士喜欢喝啤酒，而许多喝啤酒的年轻男士家都有小孩。在购买啤酒的同时，他们会顺带给孩子买一些尿不湿。

试验结果得到确认之后，沃尔玛总部及时将这种陈列方式向美国其他分店推出，均得到了良性的发展效果。

每一家公司都有独属于自己的"特性"，身为管理者，只有自己在工作中摸索和探索出来的管理经验才最适用，任何套用和引用的管理方式，或多或少都存在"水土不服"的情况。所以，身为管理者一定要在现实管理过程中善于总结、归纳，找到适合自己的管理方式。

沟通不简化，你就等着吃"哑巴亏"

任何的管理行为，都离不开沟通。据统计，企业管理者70％的时间是花费在沟通上的。正如松下幸之助所说："企业管理过去是沟通，现在是沟通，未来还是沟通。"当然，一个企业中70％的问题是由沟通的不成功或者不去沟通造成的。在现实中，许多企业内部的诸多问题，比如低效、推诿、上下级之间互相怨怼等问题皆是因为沟通不畅造成的。正如管理大师汤姆·彼得斯所说："沟通通常是无底洞。"也就是说，因为沟通不畅问题给公司带来的损失是难以计算的，也是最容易被无限地扩大的。你的公司若出现沟通不畅的局面，那就等着吃哑巴亏吧。无效沟通能让一个企业人为地变得复杂许多，它主要表现在：

1. 正确的指令传不下去；

2. 部门间的想法相互理解不了；

3. 员工不知道或无法领会领导者的意图；

……

《商业周刊》曾经登过一份研究报告，针对 70 家公司的 705 名员工的调查显示：

64％的人不相信管理阶层所说的话。

61％的人不觉得未被充分告知公司的计划。

54％的人觉得公司的决策未作充分的说明。

以上这些管理中的诸多问题，皆是因为无效沟通造成的。一般来讲，管理中产生的无效沟通，分析起来主要有以下几个原因：一方面公司层级太多，责任分配不明确，管理者指令模糊，任务重叠，繁文缛节；另一方面，领导在跟下属传达消息时抓不住重点，不去主动筛选有用的信息，也可以说，是因为领导传达信息的能力有所欠缺。

张咏是一家传媒公司的职员，最近，他们公司接到一位客户的大单子，打算邀请客户方在公司大堂举办一个庆功会。于是老总让秘书发通知下去，晚上就办，让现场的施工人员也来参加。于是，秘书打电话给各部门经理，让他们叫下属都穿得正式一些，来参加宴会。部门经理转告助理，助理再通知组长，组长通知各员工，等层层传达到了施工人员那里，已经是下班时间了。

庆功会开始的时间到了，可是员工们稀稀拉拉地只到了三成。老总很是惊讶，向到场的一名员工询问原因。员工扯扯身上刚换过的衣服，就说："老板，大伙儿都去找正式的衣服去了。马上就来！"原来，员工最后听到的消息是：必须穿正式的衣服来参加宴会，会上要进行批评和表扬。大家无奈之下，都去借衣服去了！老总哭笑不得。

上述案例中无效沟通产生的原因是因为企业管理层级过多所造成的。要知道，在管理上并不是人多力量大，管理人员越多，工作效率很可能就越低。过多的管理层会增加工作失误，降低管理效率，造成经济损失。所以，身为管理者，一定要及时反省和审视公司中的沟通不畅现象，并挖出原因，从根本上杜绝它，比如公司中因为层级过多而导致的沟通不畅，那就通过邮件、布告、广播等方式，尽量将信息公开、透明化，让信息直接到达基层员工那里。另外，要使内部沟通保持畅通，管理者就要尽量简化沟通信息。正如日本索尼公司创始人盛田昭夫所说的，我跟下属交代工作，从来都是用语言，一次性说清楚，让对方重复一遍，确认无误就可以马上执行了。用不着报告、审阅、询问、修改、签字等这么麻烦的过程。

当然，简化沟通最有效的方法就是越过过程，只讲结果。过程固然重要，但如果什么事情都把过程的来龙去脉讲清楚，时间不允许，机会也不等你。

简化管理，并不等于放任不管

我们强调企业要高效、灵活，就要简化管理。当然这里所说的简化管理，并不是让管理者放任不管，做"甩手掌柜"，而是要求管理者要由此及彼、由表及里，抓住问题的本质，以效率和效果为出发点，既最大限度地减少资源的浪费，又努力让组织、管理者和员工的各项工作更容易、更清晰、更有条理和更灵活、高效，最终以最简洁、最直接、最有效的方式去解决问题。也就是说，简化管理实际上是经过复杂之后的高级简单。就像读书一般，要先把书读厚，再把书读薄。简单是一场革命，其任务是使复杂的事情简单明了。它鼓励改革、试验、思考、革新和学习，来源于对事物本质的探求。而放任不管、给员工太多的自由，则是丧失原则的管理模式，是一种约束失控、管理混乱的行为，会让员工养成松散、懒惰、推诿的不良习气。

老张是一家新技术开发企业的总经理，经过长时间的市场调查和谋划，他决定以"新产品"为拳头，在竞争激烈的市场中闯出属于自己的一片天地。紧接着，他便将开发新产品这项艰巨的任务交给了研发部门。

研发部门由 10 名技术精英组成，都是高薪聘请而来，然而三个月过去了，当被问及新产品的开发进展时，他却大吃一惊，这些研发人员有经验、有技术，但那么长时间过去了，新产品的研发工作却丝毫没有头绪。问题就在于，老张采取"甩包袱"式的"简单"管理方式，把这项任务交给了研发部，但是职责并不明确。谁都不知道该项目的带头人是谁，连个拿主意的人都没有，所以才相互推诿、"磨洋工"。

从研发部门的人员构成来看，这并非是员工能力不足，而是管理方式出了问题。老张"放羊式"的任务分配是造成人才浪费的主要原因。后来，总经理指定了两名项目负责人，为了明确各个研发人员的具体职责，他还专门任命了一个工作小组长，负责研发各部门工作的人员安排。

管理方式调整之后，该部门严格实行责任到人的制度，哪怕是极其细小的工作也能找到具体的负责人。很快，研发部懒懒散散

"磨洋工"的现象发生了改观，大家的工作积极性被调动起来了。经过半年的浴血奋战，新产品最终得以问世，并为该企业赢得了不错的经济效益。

简化管理，并不等于甩手不管，其两者最根本的体现是，前者的管理明确了个人的职责，而后者则是完全放任不管。前者抓住了管理的本质，让员工带着明确的工作目标在自由宽松的环境中发挥创造性，而后者则是完全"放羊"，其管理的核心缺陷在于职责不清，没有清晰的责任分区，也没有严格明确的工作要求，于是大家你推我，我推你，不仅降低了工作效率，还会严重影响员工的士气。最好的解决办法就是用责任管束下属，激发他们对本职工作的热情。

简化管理与放任不管的"放羊式"管理，两者最大的区别就在于前者抓住了管理本质，将工作责任落实到位。要知道，企业是由多个个体组成的，因此要把整体的工作责任分散开来，进而落实到每一个员工身上，并不是一项简单的工作。要想把所有的责任都落实到位，就必须遵从这样一条原则：保证人与责任对应的唯一性。也就是说，在工作职责的分配上，既不能存在空白区域，也不能出现职责交叉的情况，只有这样，才能避免责任落实过程中可能出现的各种问题，从而避免人才浪费的产生。

墨菲定律说："把事情弄复杂很简单，把事情弄简单却很复杂。"简单，其实并不简单，需要非常高的、专业化的能力和水平。凡事必须找出规律，由表及里，以效率和效果为导向和出发点"化蛹为蝶"！同时，管理办法的好与坏，其区别不在于简单与复杂，而在于谁搞清楚了问题的本质。抓住了问题的核心，解决起来就非常简单。优秀的管理者总有办法将复杂的问题简单化。在解决问题之前，他们能够通过现象，抓住问题真正的根源，从而轻而易举地解决所谓的"难题"。

第三章

简化组织结构：
以极少的干预撬动最大的价值

现实中，多数企业发展遇到了瓶颈，最主要的原因就是组织架构重叠、管理层次繁多、人员冗余。不少企业的组织架构是"金字塔"状，管理层次七八层甚至十几层的都有。中间管理层过多，会使部门之间的信息沟通不畅，协调困难。不合理的组织架构设置导致机构臃肿。随后就会引起各种"病发症"，比如人员冗余，人浮于事，工作效率低下。同时，部门划分过细会使部门之间业务交叉，导致权责分配不清晰，一遇到责任或问题时便相互推诿、扯皮。为此，要提升企业的效率，增加灵活度，就要勇于砍掉"金字塔"式的组织结构，实行"扁平化"的管理模式，即通过科学的、合理的组织设置减少不必要的管理层次，避免人力资源的浪费和提高管理工作效率，从而为企业获得最佳效益奠定基础。

决定公司未来生死存亡的关键：灵活性

马云在一次浙商座谈会上说过这样一段话："未来 30 年是一个巨大的机遇期和挑战期，规模化、标准化的大企业发展压力将会不断地增大，公司的灵活性将成为发展的关键，这也是大量中小企业跟大企业竞争的机会。"任正非在管理中，也十分推崇中小企业灵活多变的特点，他曾这样说："未来企业要适应市场，提升竞争力，就要从中小企业身上去学习灵活多变的机制，发挥'小而专''小而活'的优势。"雷军也是深知企业只有灵活多变，才能适应客户的多样化需求，于是他在小米公司内部推崇简约、高效、极致的管理理念……以上这些商业大佬们的观点与做法，向所有的企业经营者表明了一点，在未来，决定一个公司生死存亡的关键，就在于是否具有"灵活性"的特质。

不可否认的是，随着互联网的发展与市场竞争的加剧，各行各业都在不断地细化，企业的成长空间与先发优势已消耗殆尽，要想获得长久的发展，一方面在"专业"上下苦功，走专业化经营，走以"专"补缺，以小补大，走专精制胜的成长之路。另一方面在"灵活"上做足功课，才能快速、高效地捕捉机会，响应市场，同时也能满足市场的多样化需求，快速地抢占客户。也就是说，从未来市场与客户需求方面来分析，未来企业要获得可持续发展，必须要拥有"灵活"的特性。

要让你的企业从臃肿、冗余、笨重向"灵活多变"转化，就必须要从内部管理方面入手。最先一步就是要给企业"瘦身"，简化企业内部的组织结构，缩小经营单位。那种由上层拍板决策，然后再经由中层、基层到下层，层层传达的经营模式已经不再适应市场对企业"灵活性"的要求了。而是要缩小经营单位，将决策权真正下放到基层，让基层员工做决策，而公司只是一个基层员工"创业"的平台，已经是大势所趋。

近几年来，关于大企业转变经营观念，恢复其自身"灵活多变"性质的特质，华为做得比较多。任正非指出，让组织更为轻便灵活，是我们未来组织的奋斗目标，要实现这一目标，就要"简化组织管理"。为此，华为将从中央集权变成小单位作战，"通过现代化的小单位作战部队，在前方去发现战略机会，再迅速地向后方请求强大的火力，用现代化手段实施精准打击"，这就是"班长的战争"。

为实现这种改革，华为开始建立子公司董事会。过去华为一直是中央集权，因为企业的资源不够，所以得把所有的资源集聚在一起形成强大火力去冲锋。现在，品牌资源、资金资源、客户资源都有了，这时候就需要"改变阵法"，要把企业的一些重大经营决策下放到子公司董事会。

子公司董事会有一项重要的职责，就是代表资本方实现对经营者的监督。在强调"班长的战争"的同时，任正非提出，"我们既要及时放权，把指挥权交给一线，又要防止一线的人乱打仗，所以监控机制要跟上"。

华为提出，要缩小作战单元，让前方听得见炮火的人指挥战争，提升一线的综合作战能力，五年以内逐步实现"让前方来呼唤炮火"。要缩减组织层级、缩小组织规模，部门要进行功能整合和合并，总部要变成资源分配和支持的平台，以便于能快速响应前方的呼唤。

缩小经营单位，小单位作战，打"班长的战争"，是华为组织变革的一个趋势，也是未来许多企业内部组织需要变革的一个趋势，因为在这个多变的经济时代，要快速地捕捉机会、响应市场，组织就必须精简、简约，要使得每个人参与到"价值"的创造中来，每个人都有价值地工作。

当然，企业要缩小"经营单位"，打赢"班长的战争"，就必须注意以下几点：

1. 确立与市场挂钩的"班长部门"的核算制度。

公司在追求销售额最大化和经费最小化，将组织划分成"班长部门"的小单元，每位"班长"都要根据自身部门的特点，制定"生产目标"、绩效奖励制度，让每个员工的绩效都能放到市场上去衡量。这样，一方面可以让每位员工都能触摸到市场的脉搏，随时调整工作目标，可以最大限度地避免风险；另一方面可以积极地调动每位员工工作的积极性和创造性，为"班长部门"创造最大的效益，如此一来，公司的整体盈利也将会是巨大的。

2. 对"班长"实施有效的监管机制。

缩小经营单位，公司将指挥权交给"班长"后，还要防止"班长"带着队伍乱打一通。所以，建立有效的监管机制就显得极为重要了。根据华为的经验，最为具体的实施方式就是建立子公司董事会，由子公司董事会代表资本去实现对"班长"的有效监管。用简单的话说，班长是螳螂，螳螂捕蝉的时候后面还要跟一只黄雀，这只黄雀就是子公司董事会，不过，黄雀不能轻易动手抓螳螂，因为螳螂正在集中精力捕蝉。也就是说，子公司的董事会担负着十分重要的使命，既要下放权力，又要对"班长"实施有效的监督。当然，具体如何去监督，还要根据自身企业的特点制定有效的制度措施。

3. 对"班长"实施培训，不断提升他们的能力。

当公司经营规模缩小成"班长部门"后，那么班长的自身能力就显得极为重要。可以说，整个公司都是由无数个"班长"组成的，他们的能力直接决定了公司的"盈利"能力，也可以说，班长的能力，就是整个公司的核心竞争力。国际上的通用电气、微软、苹果、谷歌，国内的小米、腾讯等，都是利用小团队研发去赢得市场主导产品的。

也正是因为这些原因，公司必须对"班长"进行不定期的培训，让"班长"与"班长"之间进行交流，相互借鉴经验教训等，提升他们的能力。

我们所说的打赢"班长的战争"，从根本上讲，就是让"班长"带领他的团队去触摸市场脉搏，提升企业的灵活度，最大限度地发挥每个员工对企业发展的"参与感"，最终从根本上实现整个公司的竞争力。

要高效、灵活，那就大胆解雇多余的管理者

美国的"晨星西红柿"公司，被称为世界最大的西红柿加工厂。该公司于 1990 年创立，拥有 400 名专职员工和 3000 名兼职员工，刚成立的几年，公司利润增长极快，员工流失率也非常低，创新能力还很高。但令人惊奇的是，这个公司没有管理层、没有 CEO，所有人都没有头衔，也无所谓升职。无论是生物学家、农场工人还是公司会计，所有人才都对公司同样负责。公司内部没有涉及金钱和地位的政治斗争，员工更加感到是对同事负责，而不是对老板负责。

公司内部没有岗位描述或者雇用合同，但会有一封员工自己撰写的《同事理解备忘录》，其中的员工责任划分、绩效指标、薪水

等，也都由员工和同事商量达成一致。整个公司里，收入最高的员工仅为收入最低者的 6 倍，这在大公司里是少见的低比率。如此简洁而高效的管理模式，是如何形成的呢？

故事是这样的。在 1990 年，创始人克里斯·鲁弗刚进入加工行业，就把员工召集起来，商讨：我们想要成为什么样的公司？

答案建立在三个原则之上：

第一，人能自行控制自己的生活时最幸福；

第二，人能"思考，充满活力，发挥创意，表达关怀"；

第三，最佳的人类组织应该像志愿团体，没有外人管理，而由参与者相互协调管理。

使所有人大跌眼镜的是，经过商讨确立的自我管理机制持续运作二十几年下来，晨星西红柿公司成长为一家拥有 400 名专职员工，另外有 3000 名兼职员工的企业。

这种简洁而高效的管理模式，非但没有使公司陷入混乱，反而运作得异常出色。除了几家商学院将它作为案例进行研究，晨星西红柿公司的持续成功基本上不受媒体和学界的重视。

一部分原因在于公司运作得太顺利，极少有负面报道。还有一部分原因是，晨星西红柿公司的创办精神是基于高度的自由意志。

晨星西红柿公司的成功吸引了数百家公司拜访参观，来学习自我管理，却鲜少有人真正地效仿。因为，当这些人满怀热情地回到总部，那些琐碎的工作又会湮没了原本的意志。毕竟，对于很多企业来讲，真正地让自己把公司完完全全地甩出去，真正地放下权力，是件极难的事情。

晨星西红柿公司的成功，在于其高度的自由性，没有任何管理层的干涉，更省去了许多沟通成本，致使公司能够高效、灵活地运转。当然，现实中，对于很多经营者来讲，让自己完全地放下权力，将经营权完全交给员工，这种做法是难以实现的。但是，这又给我们以极深的启示：与没有管理相比，多数时候，管理恰是企业向高效、灵活转型的最大束缚。

我们可以试想一下，每个企业中都充斥着一些奇怪的现象：一群穿西装上班的员工，凭什么应该"负责"告诉穿 T 恤和牛仔裤的员工怎么做？很多时候，中层管理者在企业中扮演的何尝不是高层的"传话筒"呢？正如著名的管理大师加里·哈默尔在其著作中所说的那样："首先，要使企业灵活、高效，必须解雇所有的管理者。"他指出，随着企业组织的不断壮大，管理层级、规模和复杂性都在增加，因为管理人员也需要管理；大公司老板的工作，很大一部分是要保持组织不至于因为太过复杂而崩溃。老板发号施令式的管理，意味着很可能出现愚蠢的决策："让人掌握君主般的权威，过不了多久，就会出现皇室一般的一团糟。"这也意味着，拖拖拉拉的委员会彼此之间踢皮球，决策速度慢，问题得不到解决。它还剥夺了基层员工的力量，因为他们的意见或建议无人肯听。这也难怪，和小公司相比，大公司发展得更缓慢；与小型的机构相比，大型公共机构名声要差得多。

除了表层的权力，近年来，那些大公司的高管有时候仅仅充当了一个代言人的角色。他们永远在路上，向投资者和客户解释"他的"发展战略，仅仅依靠一两个参谋长来招聘、解聘和放逐自己的手下。当然，确实有人深深地将自己的理念注入组织中，亲自参与产品的设计，亲自到基层去跑市场，但这样的人是极少数，或者说是特例。

更多时候，那些公司的 CEO 只是在"搭便车"，他们拿着高薪在员工创造的浪头上冲，偶尔做出关键决策，但承担的责任，并不比选择该战略的设计师、中层管理者甚至客户更多。他们的职业生涯也越来越多地反映了这一点：从外部买入，为长时间工作拿到丰厚的回报，一旦局面变糟糕，便会拿着很多钱黯然低调离场。外围的媒体用尽力气，极力地吹捧他们，将他们的身份和能力抬高，实际上这种所谓的能力、见识，只是人们在书房炮制出来的一种幻觉。

在一个企业中，真正能产生效益的不是股东，不是董事会，更不是管理层，而是基层员工的劳动分工：你做你擅长的事，我做我擅长的事，我们在互相协调中产生效益。而真正有效的管理就是能够使员工之间产生良好的协调关系，而很多时候如若去掉管理层，让员工能够自发自主地进行沟通、交流，那么，这便能产生"以最少的投入，产生最大效益"的功效。所以，作为经营者，提升基层员工的地位，勇于去掉中间多余的管理层，赋予员工以决策权和自由交流的权力，那么，你的企业将无往而不胜。

组织结构"扁平化"：
别让"闲杂人员"拖累了你的公司

有效地提升企业的效率和灵活度，就要减少管理层的干预。如果你没有解雇企业内部管理者的魄力，那就尽可能地使你的管理组织"扁平化"吧。因为传统的"金字塔"式的层级管理组织，已经是企业"效率"的重要阻碍。

这几年来，小米的发展速度可谓令人惊讶，在短短的几年内，小米手机的产量为何能冲进全球前三？这都得益于小米公司内部实施"扁平化"的组织结构与简化管理。他们始终认为：互联网时代，公司必须学会缩短与消费者之间的距离，真正做到贴近用户、走进消费者的心里，与消费者融合到一起。只有这样才能跟消费者进行有效互动，才能够顺利将消费者变成小米产品的推动者，甚至是变成小米的产品设计研发人才，传播和推动小米产品。而要实现这个目标，就要将公司的组织结构扁平化和简化管理模式。

为此，小米的组织完全是扁平化的。七个合作伙伴各管一摊事，组织结构基本上是三个级别：核心创始人、部门主管和员工，任何决策都是"一竿子插到底"式的执行，能够有效地保证效率。为了避免臃肿的团队，一旦团队达到一定的规模，并成为项目团队的独立团队，就必须要对人员进行拆分。最为重要的是，小米从来没有打卡制度，没有考核制度，只是强调员工的自我驱动，强调要把别人的事当成自己的事，强调责任感。小米公司的每个小团体的工作目标是围绕市场与用户体验价值而定的，决不让团队过大。小米的做法反映了在网络时代企业的创新管理模式：简单、高效和完善。

对此，雷军说："管理要简单，要让员工快速工作必须要简化你的管理。在小米，每个工作人员没有分配具体的工作，他们也不会考虑如何获得促销这一'东西'，可以专注于为顾客提供产品和服务。小米内部没有打卡制度和考核制度，就是强调员工的自我激励作用，强调员工要时时将别人的事情当成自己的事情，强调责任感。人们被驱使去做事是在产品的信念下，而不是在管理上。"

从整体上看，小米公司的管理非常简单，一层产品、一层营销、一层硬件、一层电商，每层由一名创始人坐镇，大家互不干涉，除七个创始人有职位，其他人都没有职位，都是工程师。所有员工晋升的唯一奖励就是：涨薪。不需要员工考虑太多杂事和杂念，没有什么团队利益，一心扑在本职工作上。

当然，扁平化的组织之间，也是有竞争制度的，大家为了竞争做事情，为创新而创新，而不一定是为了用户而创新。其他公司对工程师强调是把技术做好，而小米的要求是，工程师要对用户的价值负责任，为伙伴负责，而不是为技术而技术。

可以说，"扁平化"管理是以工作流程为中心而非以部门职能来构建组织结构。由于组织架构得到了细分，最基层的阿米巴组织也能够最大限度地发挥公司整体的能量。企业员工经过组织划分后，由于责任细化，便会萌生一种经营自家企业的意识，工作会更加积极主动，从而在公司中源源不断地传递正能量。

将组织简化，划小经营核算单位，管理去中心化，激发活力，从中央集权变成小单位作战，是未来企业发展的趋势。无论是海尔的自主经营体，还是华为的"班长的战争"，都是在把大企业做小，激发经营活力，提高各个经营体的自主经营能力。相应地，组织管理出现去中心化，管理层级越来越少，组织变得更为简约，以激发组织活力。同时，实现总部的平台化、集约化，以提高总部对市场一线的支持服务能力；而一线则是要提高综合作战能力，对市场和客户做出快速反应，这是未来企业组织变革的趋势。

当然，企业在推行"扁平化"的组织结构，需要注意以下几点：

1. "放权"是实现"扁平化"组织管理的关键。

在现实中，许多企业在多年的经营中，已经形成了"等级森严"的管理体制，要实现"扁平化"管理，可能会因为触及这些管理层的利益而遭到抵制，这时企业主就要拿出魄力来进行改革。同时，实现扁平化管理的关键在于将权力下放到基层，如果管理者不肯放权，那么即便企业的组织结构再简化，也难以真正实现扁平化管理。

2. 强调以用户为中心，以市场为导向，建立各自领域里的事业体。

扁平化管理是自下往上的"蜂巢图"式的管理，由许多个"班长式"团体构成的组织基础，每个小的组织都是一个独立的利润中心。这种组织结构使员工打破了原有的部门界限，绕过原来的中间管理层级，直接面对顾客和向公司总体目标负责任，以群体和协作的优势赢得市场主导地位。这种管理模式灵活、敏捷、富有柔性和创造性，是提升公司整体利润的一种有效方法。

腾讯公司曾指出，企业壮大以后最大的问题就是消除内部的"敌人"，要破除大企业病，保持小企业的灵活性和创新精神。所以，自 2012 年开始，腾讯就在进行组织结构的调整，不再以业务模块为中心或者以合伙人为中心，而是强调必须以客户为中心建立事业体。

现在，腾讯已经形成了七大事业群，包括网络媒体事业群、社交网络事业群、互动娱乐事业群、技术工程事业群等。各个事业群围绕客户来整合各种资源，真正建立以客户为导向的事业体。事业群里面也不再搞"金字塔"式的管理，而是基于客户群体形成大项目里套小项目的项目合作制，一个事业群里面有无数个项目组在合作。

腾讯的这种组织变革其实是希望抓住互联网聚集、快速、灵活的优势，在事业群里充分发挥民营小公司的灵活性和创新精神。

扁平化组织在公司中的运作核心是：通过"班长式"小团队的自我管理，不断地释放整体知识能量，进而实现公司价值创造空间的创新和拓展。

3. 注重企业内部良性文化的建设。

"班长式"的经营结构与扁平化的组织结构，使公司的很多经营权与决策权下放到诸多的"班长"手中，这除了需要制度对"班长"和"组织"进行约束外，更多时候要靠企业内部的良性健康的文化进行约束，靠价值观去凝聚人、吸引人，一切围绕"客户"，以市场为导向，提升灵活性和自发性的同时，也要搞好监管。

由此可见，要真正实施扁平化管理，由企业主带头，营造良好的企业文化氛围显得极为重要。

管理"极简化"：让简单生出"高效"，产生"力量"

将组织"扁平化"后，大大地缩减了人力成本与沟通成本，解放了基层员工的创造力与自主性。当然，要想进一步提升企业的灵活性与高效性，还要在内部实施"极简化"管理。

彼得·杜拉克说："最简单的也就是最好的。简单是一场信息革命，其任务是使复杂的事情简单明了，创造适当的指令，使属下能够在积极文化的驱使下，自发自动地参与到协作中去，做好自己分内的事。"这句话道出了管理"极简化"的本质，即在积极企业文化的驱使下，让管理变得简单且高效，在员工中形成一种自然的秩序。当然，这种自然秩序的运转必然是要遵循一定的规则的。企业管理运作在形成规范的形式的前提下，逐步演变成每个人自然的思维方式，这样组织的运行效率才是最高的，效果也是最好的。任何一个企业或者集体，都围绕核心做一件事，知道各个环节上应该做什么、做到什么程度，这样一个企业的自然秩序就形成了。这种秩序的好处在于每个员工都知道了自己的位子，知道哪个环节应该做什么，知道什么条件下我能做什么，用不着别人去告诉他。这种管理就比较简单高效，便也形成了一种自然的秩序。在这点上，小米的做法具有极深的借鉴意义。

大家在产品的信仰下、在责任感的驱使下去做事，而不是靠管理产生效率。从这一点上讲，小米内部完全是被启动的，一切围绕市场、围绕客户价值，大家进行自动协同，然后承担各自的任务和责任。靠价值观凝聚人、吸引人，一切围绕客户价值，组织扁平化、管理简单化，这是从小米的实践中看到的互联网时代管理的创新。

另外，除了每周一的例会，小米很少开会，公司成立三年多，合伙人只开过三次集体大会。在小米公司内部强调的是责任感而不是指标。雷军曾介绍说，小米一直是 6×12 个小时的工作制，坚持了将近 3 年，靠的是大家的责任感。

小米内部的组织结构"扁平化"后，其内部管理也是"极简化"的，这种"极简化"管理，主要靠的是积极、健康的企业文化，即大家都在产品的信仰下、在责任感的驱使下去做事，自动承担责任。对于小米来说，管理要简单，要少管，少制造管理行为，这样才能激发每个人内在的积极性，他们才能将事情做到极致，才能出成效。

当然，企业内部要靠营造健康、积极的企业文化而减少管理行为，这对许多企业来说并不现实，如员工的素质不够高、企业内部良性的文化氛围还未形成等，在这种情况下，企业主或管理者如何贯彻"极简化"管理模式呢？

"极简化"管理，本质上指"无为而治"的管理思想。实际上，现实中比较高明的管理者或企业主，会让部下感受不到他的存在，无论你在企业中还是不在企业中，员工都能积极、主动、自发性地工作，这就是管理的最高境界！"太上，不知有之"的"虚无"境界，不仅是企业领导者孜孜以求的，更是企业员工所渴望的！

要在企业内部贯彻这种管理模式，就要从以下两点出发：

1. 选出人才，懂得授权。

身为一名经营者、管理者，对很多事情你也许都不知道该如何去做，这并不意味着你要去做所有的事情。你需要做的就是挑选出最优秀的人才，就像雷军一样，花很大的精力去找优秀的人才，然后授权给每一个人，给他们提供充足的装备和支持，还要经常提醒大家什么是重点,并且开创一种大家能够认同的环境。并将此当成你工作的全部。只有这样,才能够达到预期的简单,企业管理力求的简单、卓越的简单,而非一种散漫的简单。

身为一名管理者,为了实现成功管理,在你做任何事情之前,请树立这样一种信念:管理越简单越好。简单管理就是要简化组织模式,将复杂的问题做简单化处理,就是要运用简单的技巧,发掘员工的最大潜能,总之,简单就是一条永恒的法则,简单就是力量,简单就是高效。

2. 提升员工的自我管理能力。

要从根本上实现"极简化"管理,就要提升员工的自我管理能力。当然,要做到这点,你可以从以下几点出发:

(1) 明确员工的工作职责。

具体来说,就是完善公司自上而下的管理模式,这为增强员工的责任感提供了条件和基础。在公司中制定并执行严明的规章制度、健全部门的职能与岗位的职责,做到定岗、定员、定职责,虽然这样做并不能够增强员工的责任感,但却可以消灭员工的"搭便车"现象,让员工的劳动与他的收入成正比,以提高员工的公平感与对公司的满意度。

(2) 提高员工的福利待遇。

在企业中,员工通过工作获得收入,这些收入首先可以满足他的生理需求与生存需求,所以,福利待遇是员工最为关心的问题。如果公司的福利待遇水平高于同行业的平均水平,则员工就有保住这份工作的需求。为了满足这个需求,员工就会有服从公司制度的动机和行动。

(3) 满足员工个人发展。

在满足员工的生理需求和生存需要之后,员工的自我实现需求就会越来越明显。这个时候提高福利待遇的激励效果就会不明显，公司应该根据自身的情况制定一些能够满足个人发展的政策，来满足员工自我发展的需求。如果员工能在公司实现自我价值，就会关心公司未来的发展，因为公司的前途已经与个人的前途联系起来，从而提高员工对公司的责任感。

（4）员工持股。

管理者可以推行员工持股以增强员工对公司的责任感，因为，只有让员工自己当老板，员工才能够站在领导者的角度去反省自己的工作，才能更加有责任感。

前两种方式属于被动增强责任感的方式，而后两种则是员工主动增强责任感的方式。当然，要想让员工拥有像老板那样的责任心，就要采用小米公司的"小单位"式的运营模式，让利益彻底透明化，让员工时时感到自己是在为自己打工，而不是为老板打工。

营造"简单"的工作氛围：除杂草最好的办法是种庄稼

在很多企业，尤其是中小企业中，老板觉得管理难，是因为很多员工都爱将精力消耗在搞关系上。上下级关系、内外部关系，将人与人相处最为简单的问题复杂化、关系化，因此让本来该简洁、高效的管理变得复杂和烦琐起来。

很多本来能够简单处理的问题，在"关系"面前则变得不能简单。如此一来，基层员工办事的程序便开始变得烦琐，一件事因多人管，多人管就要"拜八方"，往往会搞得我们无所适从、筋疲力尽。这种"简单的事情复杂办"，不但影响了办事效率，也阻碍了公司的发展，又磨灭了基层员工的创造力和意志力。所以，要想使管理"极简化"，身为经营者或管理者，就应该在企业中营造一个简单、单纯的工作氛围。要知道，简单与高效是紧密联系在一起的。

崇尚简单，目的是为了务求实效；务求实效，要求我们的管理必须崇尚简单。这是一个辩证统一的关系。这里说营造"简单"的工作氛围，不是指肤浅与单纯，不是无视现实的复杂性，而是要化繁为简，节约沟通成本，是加快工作节奏、提高工作效率、简化管理程序。一句话，就是为了从根本上提升企业的效益，让员工将主要精力放在提升效率与效益上。

那么，在现实中，如何做才能让员工不再因在"人际关系"上消耗精力而使管理变得简单呢？要解决这个问题，先听一个故事：

一次，苏格拉底将几个弟子叫到身边，问了他们一个哲学性的问题。他问道："如何才能除掉旷野里的杂草？"

弟子们听罢这个问题后目瞪口呆，没想到老师竟然会问如此简单的问题。

一位弟子说道："用铲子把杂草全部都铲除！"苏格拉低微笑着点点头。

另一个弟子说："把石灰撒在草上就能除掉杂草！"苏格拉底还是点头微笑。

第三个弟子说："不用那么麻烦，只要一把火就可以将草烧掉！"苏格拉底依然微笑不语。

第四个弟子说："他们的方法都不行，用那些方法，过不了多久草照样还会长出来的，斩草就要除根，必须要将草根全部都给挖出来。"

待弟子们讲完，苏格拉底说："你们讲得都不错，但这并不是最根本的办法，要想地里不长草，就要将那块地种上庄稼！"

　　"欲除杂草，必先种庄稼"这个故事具有极深的寓意性，用到心态上，指要想祛除内心的杂念，就要去将注意力放在学习、工作等正经事上。而其在管理上的寓意是指，要使员工不再因复杂的人际关系而头疼，那就要采用合理的精细化激励制度，即将员工的所有表现与薪水挂钩，让他们将精力放在干"正事"上，放在尽力提升业绩上。可以试想，当所有的员工都在忙着去拼业绩的时候，谁还会因为人际关系而头疼呢？

　　德国建筑设计大师密斯·凡·德·罗提出的"少即是多"建筑理念为业界广为赞誉，他的作品最明显的特点是各部分精简到极致。小米管理层也曾经思考，随着公司业务的拓展，是否一定需要更多层级的管理者，当管理人员多的时候，员工是否会因忙于"争权夺利"而造成"内耗"呢？为了避免企业落入这个管理难题中，小米认为，通过极简的管理用好现有的人员才是关键，即通过极少的管理，撬动更多员工的价值和能力。

　　当然，小米公司内部实行的极简化管理，并不是简单地削减枝叶就做得到的，除了雷军在内部营造良好的简单化的工作氛围外，还得益于其独特的绩效管理。

　　雷军在选用人才的时候，对其业务能力与技术能力都有着极高的要求。在每次新品发布会上，雷军对新产品的所有性能与优点都如数家珍。在他之前，乔布斯、比尔·盖茨也都曾站在台前推广苹果和微软的新产品，这就要求他们必须是技术层面上"一等一"的高手。

　　小米"极简化管理"的另外一个表现，就是扁平化管理和人到人。例如，小米总裁雷军经常直接与员工对话，处理事项，其拥有1200万粉丝的微博也是其与员工交流、与消费者交流的平台。

　　在一些管理者看来，没有层层监督，不写工作汇报，企业如何进行绩效管理？正如前文所述，得益于业务高度集中，特别是管理层深度参与，每一位管理者对自己负责的业务板块了如指掌，在深度参与的过程中，管理者对谁做了什么、谁做得多做得少非常清楚。此外，小米还将考核交给了几千万"米粉"，一项新产品售后满意度、用户活跃度都是考核开发这一新产品团队的依据。

除去杂草最好的办法就是在地上种庄稼，一个企业要想降低内耗，除了创造良性的企业文化外，最重要的就是在考核机制上下功夫，要通过有效的管理方式，对每个员工的表现和能力做到了如指掌，如此，在企业内部推行"极简化"管理则变得不再是件难事了。

将权力下放，别让员工戴着"镣铐"跳舞

当公司实现企业组织与管理的极简化和高效化后，接下来极为关键的就是高层领导者要将权力下放。适时地将权力下放，可以有效地激励员工，让员工为公司创造价值而不仅仅是实现价值。

如果公司上层领导不愿意下放权力，总想将权力握在手中，或者经营单位不敢行使相应的权力，继续依赖公司总部，那公司实现"简化、高效、极致"的目标就难以实现。因此，企业经营者在缩小经营单位、划分"班长"制的经营模式时，一定要有意识地锻炼下属对业务的独立经营能力，并赋予一定的职权，别让他们戴着"镣铐"跳舞。在划分经营单位人员时，就要严格遵照职权划分的规则，公司总部不该管的地方，坚决不管，经营单位要承担的责任，必须承担起来。

当然，身为管理者，要想将权力"下放"，首先就要积极营造出

"授权"的氛围。

雷军说，每个员工都希望获得展现自我的机会，一旦得到机会，他们都会不遗余力地努力完成任务。当然，如果一个领导总是对他们的工作横加干涉，对他们的表现持怀疑态度，会极大地影响他们的积极性。作为员工，他们需要被人信任，尤其是被上级信任，这样他们才能真正地展露自己的能力。

为什么要营造一个良好的授权氛围呢？这实际上是要引起员工对授权工作的重视，观察他们对授权的看法。因此，在确定授权之前，努力营造一个好的氛围是很重要的，作为一个管理者，可以从以下几个方面着手：

1. 与员工分享企业的信息，管理者为下属提供企业的经营成本、生产效率、产品和服务质量、财务状况、业绩等一系列敏感的信息。

2. 授予员工一定的工作自主权，在一定范围内鼓励员工自己做主。

3. 明确"经营团体"中每个人的责任，让整个经营团体都富有责任感，拒绝对工作"踢皮球"的心态。

4. 帮助员工成长，作为一个管理者，要成为下属的老师和团队的带头人，创造一个良好的环境，发挥每一个人的创新能力。

原宏碁集团董事长施振荣在管理上特别注重授权，他曾经说过："你一插手就完了，他怎么长大？"与施振荣一起创立公司的副总裁黄少华说："施振荣从不会强迫你做任何事，除非你同意或愿意去做。"要想让授权取得理想的结果，有一个良好的授权氛围很是关键，作为一个管理者，不能忽视对授权氛围的营造，否则，员工就有可能不能正确地领会领导的真正意图和企业发展的方向。

另外，公司的管理者要始终明确这样一点：以能量授权。以资历授权会贻误大事。如果想要成功授权，其关键就是需要根据员工能力大小而非知识水平高低进行适当授权。同时还要保证在进行权力下放分配时，不危及管理者的权威。否则，管理者在今后的管理过程中会出现许多意想不到的问题。也就是说，管理者在向下属授权时，一定要考虑权力下放的宽度与深度。比如，需要下放多少权力，向哪些人下放权力，在哪些方面可以下放权力，哪些方面不能下放权力等。除此之外，公司的流程和在岗人员分配方面也应该做出相应的调整。

要想做好这些，公司需要通过绩效评估、素质测评、观察、访谈等方法对员工进行排序，之后才可以实施梯次授权方式。具体包括充分授权和不充分授权。

作为本田集团的第二任社长，当河岛决定在美国办厂时，企业内已经预先设立了筹备委员会，其成员主要来自人事、生产、资本三个专门委员会中的人才。虽然做出决策的是河岛，但制订具体方案的却是委员会的其他成员，河岛在授权之前，对这些人才都做了充分的调查和研究，最终得出结论，认为委员会成员会比他做得更好。

新厂最终落户俄亥俄州，令人意外的是，河岛一次也没有去看过。一天，一位副总问他为什么不到美国实地考察一番，他的回答是："我对美国完全是陌生的，既然熟悉它的人觉得这块地最好，我就该相信他的眼光。我又不是房地产商，也不是账房先生。"

对于财务和销售方面的管理，河岛完全继承了本田的作风，他把这方面的工作全权托付给副社长。1985年9月，在东京青山，一栋充满现代感的大楼落成了，赴日访问的英国查尔斯王子和戴安娜王妃参观了这栋大楼，传播媒体也竞相报道，本田技术研究公司的"本田青山大楼"从此扬名世界。实际去规划这栋总社大楼、提出各种方案并将它实现的是一些年轻的员工们，本田宗一郎本人没有插手过问，他对手下常说的一句话就是："不要抱着权力不放，要充分相信年轻人。"

本田集团之所以能够不断创造新的业绩，实现新的突破，很大程度上在于本田能够根据每个人的长处充分授权，对于一些能有作为的年轻人也敢于大胆起用，培养他们强烈的工作使命感，让其驱使着本田集团不断向前发展。

管理者或经营者将权力下放到基层的执行者，让他们控制好自己的部门，整个公司的资源便能得到有效的利用。权力下放可以激发和鼓励员工，这份信任可以激励他们的责任心，让他们在感受到自身的重要性，为公司创造价值而不仅仅是实现价值。

授权就是让员工充分发挥才能，但要避免"功能过剩"

在现实中，很多经营者或管理者认为，大事小事都应掌握在自己手中，通过自己的手亲自去完成，才算是最好的；同时，教会徒弟，饿死师父这一传统观念还是会在许多管理者的脑中作怪，也让他们不敢让自己好不容易争取得来的权力转眼间就转移到下属的手里，害怕他们对自己的地位构成威胁。

其实，身为一名成功的管理者，你的目的就是通过你的带领，使企业的效益和利润得到提升，你若能合理授权，让自己的属下发挥出最大的潜能，进而提升你的价值，这何尝不是一件好事呢？一个充满智慧的管理者，会尽可能地授权给下属，让他们尽情地发挥属于自己的才能，这样才能推动自身团队或者是企业的发展。

在 Intel 公司里，管理者的比例大概能够占到员工的 1/10，所以，对于每一个员工而言，在 Intel 公司里的机会会非常多。管理者在考察员工能不能成为管理者的时候，不只看他眼下的表现如何，还会留意到他是否有哪一方面的潜能。对于这些优秀的企业而言，经验都是可以积累的，并不是阻碍提拔员工的最大问题，学习能力在这个过程中扮演着更为重要的角色。

在 Intel，管理者会常常与员工讨论职业的方向在哪里，哪一方面更适合员工的未来。有时候，一旦管理者认为某一个员工很优秀，会为他设置一个新的职务，为他充分发挥自己的能力创造条件。

作为一个管理者，就要学会用授权去调动每一个下属的积极性，让他们每一个人都能发挥最大的能量，毕竟每一个人都希望能在别人面前展现自己的实力。当目标和应该遵守的规则已经完善的时候，该怎么做去达到目标，管理者需要给员工留下足够的空间，这也是对员工的信任与支持，不能不管在哪儿都有自己的影子。

员工需要一定的空间和自由，如果管理者处处"指手画脚"，反倒会使他们变得越来越消极，责任心也减弱，产生逆反心理。作为一个管理者，你可以给下属描绘一个蓝图，至于怎么去实现，完成任务，就让下属以自己喜欢的方式去解决吧。

另外，许多经营者或管理者，也会走向授权的另一个极端：将权力一下子都交给部属，将处理这些事情的权力也一并交给部属。事实上，这样授权真的方便省事吗？其实未必，因为这样的授权方式会导致被授权者"功能过剩"，即被授权者享有太多的权力，往往不利于授权控制，不利于权力回收。

某公司的老板老赵手下有几名得力的中层管理者，他对这几位管理者充分信任。公司发展到一定的阶段之后，老赵就开始下放权力，能让他们办的事情，老赵坚决不插手。但是老板在授权时，有一个习惯，授权笼统，目标不明确，比如：

公司有一个重要客户要攻关，老赵随口对一位中层说："这件事情交给你去办就好了。"

中层说："赵总，我去办这件事了，公司的人事招聘谁来负责?"

老赵说："人事招聘一直是你负责的，你继续负责啊!"

中层说："那行政事务呢?"

老赵说："行政不也是你来负责吗? 当然是你继续负责。"

就这样，那位中层得到了授权，全权负责三件事情。这不但加重了他的个人压力，也引起了其他几位中层的强烈不满，他们心想：什么权力都交给他了，我们干什么吃的?

最后，那位被授权的中层一人办多事，分心了，事情办砸了。而其他几位中层则是消极怠工，反而照样拿工资，这时那位中层对另外几位中层产生了不满的情绪：凭什么什么事情都让我做，我辛辛苦苦，到头来没落一个好，他们悠闲悠闲的，太不公平了……

在这个例子中，赵老板授权时犯了一个极大的错误：授权过多，目标任务过多，导致被授权者无法应付。到最后，累垮了被授权者，还引起了其他中层的不满。其实，正确的授权方法应该是"一次一授权"，即每一个任务只授权一次，而且只授权给一个人，这样才能使被授权者目标明确，各司其职，最终将任务执行到位。

在授权时，也要做好监督措施

管理者将权力下放给部属或基层，经营单位可以自行做主，无须事事都向领导汇报，自身具备处置与解决用户问题的能力，更加快速有效地解决一线的问题，但当经营单位具体实施起来，却会遇到种种的问题，如果公司一味地给"班长"授权，有可能带来风险，一线员工能力跟不上，很有可能会"胡来"，这个时候，公司经营者如果监管不到位，很可能会带来种种的"风险"。所以，如何平衡信任与监督，便成了一道极难的管理难题。

一家图书出版公司，为了提升产量，在年销售码洋上有所突破，管理者制订了一个授权计划：给编辑部主任以充分的授权，即拥有独立决定选题策划的权力，不再让老板签字拍板。同时还给销售部的一线员工授权：拥有独立处理客户特殊要求的权力，不再需要经过上级的层层批准，这其中还包括调货甚至降低价格。本来这些授权的出发点就是为了充分调动策划部与销售部员工的创造性和积极性，进而使公司实现更多的盈利。但事实上，策划部为了将码洋做上去，不做市场调查，做出的许多图书质量都达不到要求，成为库房里的滞销书。同时，销售部为了提高销售码洋，便以极低的折扣卖给分销商，无原则地压低价格，甚至有的销售员为了提升销量，还将原来3个月的账期推到了6个月，给公司带来了极大损失。

上面就是一个典型的"授权失则"的案例。管理者为了调动基层员工的创造性和积极性，给他们充分授权，监督机制却做得不到位，给公司带来了极大的损失和严重的后果。管理者要明白，所谓授权，并不是完全撒手不管了。如果管理者在授权后不引进合理的监管机制，那将会给公司造成极为严重的损失和后果。

一个管理学家就说过：控制是许可证管理的"维生素"，所以，许可证管理的本质还是控制。作为一个管理者，不能让基层的员工恣意妄为，而是懂得想办法监督，让他们主动承担起属于他们的那份责任。

如果下属是天上的风筝，那管理者就是下面放风筝的人，不管风筝要飞向何处，那根线都始终拽在管理者的手中。根据下属的实际能力，拽在管理者手中的线可松可紧，但绝对不能从管理者的手中脱落，如果那样的话，风筝会飞向哪里，企业会走向何方？

对此，你要做到以下几点：

1. 明确权责，制定行为原则，使权责一致。

对管理者来讲，授权的前提是明确职责，在授予某一项权力前，一定要确定其行事的原则，这也是搞好授权和回馈与控制的前提。若是职责不清，就会不断地发生摩擦，相互"扯皮"或者"掣肘"，这是授权的大忌。所以，授权者必须向被授权者明确授权事项的目标和范围，明确被授权者的权力和应该承担的义务及责任。对方若违反原则地"胡来"，可以给予相应的惩罚措施。这样既可以调动被授权者的工作积极性和创造性，又利于授权者"用心"做好事情。总之，管理者在授权时一定要保证被授权者的权力与责任相一致，即有多大的权力就应该担负多大的责任，做到责权统一。

同时，管理者在给某位员工授权时，一定要对被授权的下属有个清醒的认识，仔细地考察他们是否具备潜质，比如，是否勇于承担责任，是否会把公司的事情当成自己的事来做，领导不在时能否担负起留守之责，关键点上是否能及时请示上级等。只要是具备这些职业素养的员工，管理者便可以进行授权，毕竟，找对人方能做对事。

2. 回馈与控制。

为保证下属能及时完成任务，了解下属的工作进展情况，领导必须要对被授权者的工作进行不断地检查，掌握工作进度信息，或者要求被授权者及时进行回馈工作进展情况，对偏离目标的行为要进行及时的引导和纠正，诸葛亮分配关云长守荆州，最后关云长大意失荆州，这与诸葛亮对荆州的信息不了解有关。同时领导者必须要及时进行调控。当被授权者由于自身不努力、没有很好地完成工作任务时，必须要给予纠正，并承担相应的责任；对不能胜任工作的下属要及时更换；对滥用职权，严重违法或违反原则者，要及时收回权力，并予以严厉惩治，对由于客观原因造成工作无法按时进展的情形必须要进行适当的协助。

3. 授权不等于"任其发挥"。

身为管理者要明白，授权给下属是一把"双刃剑"，对他们控制得太严，很容易限制他们才能和创造力的发挥；若控制得太松，则会造成"失控"的情况。所以，一个有才能的管理者，会把握好信任与监督两项原则。授权不是"任其发挥"，而是一种收放艺术。也就是说，你在对下属授权的时候，必须要明确所授权限的范围，做到有所授有所不授。这都需要管理者在职务说明书上面严谨地予以表明。这样才能对下属和其权限进行把控，不至于出现"失控"的糟糕局面。

总之，随着信息经济的不断发展，社会变得更加复杂，信息剧增导致领导工作量倍增，各位领导者尤其是公司部门的领导者，必须学会正确授权，减轻人力工作压力，提高工作效率，使组织得以更好地发展。

第四章
简化员工管理：
用最简化管理生出"高效益"

要避免过度管理，在企业内部实施简化管理，最重要的一项就是简化对员工的管理。就激发员工的创造性和积极性而言，越好的管理其实越简单。简单管理就是要寻找最直接、最有效的方式，来提升企业的发展速度和效率。在具体的工作中，面对烦冗艰巨的工作，管理者必须要学会分清楚工作的主次，将全部的精力都集中于重大的事务方面，懂得简单行事的管理者才能成为最优秀的管理者。

最好的管理：找到价值观一致的人一起奋斗

管理学中有一句至理名言："管事先管人，管人要管心。"这句话道出了管理的关键在于管人，收拢住人心。当然，要想收拢住人心，一般企业都会采取一些必要的管理措施，比如制度约束、情感投入等，但最高明的管理者会在刚开始就找到与自身价值观相统一的人才，用相同的"价值观"来收拢人心。

小米公司成立于 2010 年，曾以"专注、极致、口碑、快"等经营理念，在业界引发了强烈的"科技风暴"。小米的成功很大程度上在于管理的极简化，当然，他们的"极简化"管理之所以能在企业内部顺利地推行，在于雷军在刚开始招聘人才时，十分注重找到与自身价值观相统一的人才加入。

雷军在小米创业之初最重视的就是人才，他说，他要找一群有共同价值观且聪明的人在一起共事，并且为了挖到自己想要的人才，他曾经不惜一切代价。在雷军看来，如果一个人与自己的价值观不相符合，那很可能就难以收拢住对方的心；而如果一个人才不够优秀，很可能不但不能创造效率，反而有可能会拖整个团队的后腿。真正到小米的人，都是真正能干活，并且想通过自身努力，干出一番事业的人，所以他们身上都充满了热情。来到小米工作的人，都具备"聪明、技术一流、有战斗力、专心、有热情、雄心勃勃"等个性特点，这样的人才在一起，做出来的产品注定是品质不凡的，这是一种真刀实枪的行动和执行。

当时，小米总裁雷军决定组建超强的团队，前半年花了至少

80％的时间找人，幸运的是找到了牛人合伙，全有技术背景，平均年龄42岁，经验极为丰富。3个本地加5个海归，来自金山、谷歌、摩托罗拉、微软等，土洋结合，理念一致，大都管理过超过几百人的团队，充满创新的热情。

雷军说，如果你招不到人才，只是因为你投入的精力不够多。我每天都要花费一半的时间来招募人才，前100名员工每名员工入职都亲自见面沟通。当时，招募优秀的硬件工程师尤其困难。有一次，一个非常资深和出色的硬件工程师被请来小米公司面试，他没有创业的决心，对小米的前途也有些怀疑，几个合伙人轮流和他交流，整整12个小时，最终打动了他，最后工程师说："好吧，我已经体力不支了，还是答应你们算了！"

在新时代，企业的核心竞争力归根结底应该是人才的竞争，这已是不争的事实。对于企业，尤其是初创企业来讲，要想在管理上省时省力，除了要具备与企业发展相符合的专业技能外，还需要有共同的价值观，这样才能最大地凝聚个人的力量，共同创造价值，这样的企业也注定会在短时间内获得腾飞的发展。

从管理学的角度分析，内部员工一致的价值观可以在短时间内形成一种积极、良性的企业文化，这种文化可以促使管理达到"无为而治"的最高境界。对此，任正非也指出，管理学上有一个观点，管理控制的最高境界就是不控制地能达到目标。这实际上就是老子所说的那句话："无为而无不为"。公司基本章程的制定就是为了使公司达到"无为而无不为"的境界。好像我们什么都没做，公司在不知不觉间就前进了，这就是我们管理者所追求的最高境界。谁也不会去管长江水，但它就是奔流到海不复还。华为公司将来也要像长江水一般，不需要管理层成天疲于奔命，就自动地势不可当地向成功奔去。为什么外国公司成功的大老板成天打高尔夫球，而我们的高层领导疲惫不堪？就是因为我们还未达到"无为而无不为"的境界。"无为而无不为"不仅仅是无为而治，它体现的是好像不需要怎么管，但事物都在前进，为什么？这是一种文化氛围在推动前进。

在最近几十年的发展历程中，华为作为中国一家高科技公司，可谓是异军突起。他们的成功，很大程度上取决于其"以客户为中心，以奋斗者为本"的优秀的企业文化。对此，任正非说过，企业文化是企业发展的软实力和核心竞争力，是精神"原子弹"，企业应该引爆它，将其内化至员工心灵深处，外化为员工行为和企业制度。当然，这种无形的精神理念会吸引和引导大部分价值观相同的年轻人来华为共同奋斗，将企业做大做好。

当然，要贯彻"以奋斗者为本"的文化理念，华为为此制定了可靠的制度保障。在分配激励上要向奋斗者倾斜，提倡拉大差距，奖励无上限。缩小差距是鼓励了懒惰者，只有拉开差距才能鼓励奋斗者，所以华为为了强调这样的精神理念，让 3 个人拿 4 个人的钱，这 3 个人的积极性被调动起来，最终干了 5 个人的活儿；假如反过来，4 个人拿 3 个人的钱，最终却只干了 2 个人的活，那么激励就毫无意义了。另外，干部提拔也要向奋斗者倾斜，突出贡献者越级提拔。

良性的价值观及文化可以吸引有共同价值观理念的人共同来奋斗，而拥有共同价值观理念的人才聚在一起又可以促进良性文化的形成，使企业向良性的方向发展，可见，这便是相互成就的关系。有共同的价值观，便能省去许多的管理或约束，大家为了共同的目标一起努力，自觉将自身的价值发挥到最大，这是企业最好的发展模式。

当然，对于经营者或管理者来讲，找到价值观相同的人并不是件易事，想让管理变得相对简单些，我们也要找到目标一致的人来创造价值。正如马云所说，找到一群价值观相同的人不容易，但我们可以找到目标一致的人来创造价值。所以说，创业，首先要汇集一群有共同目标的人，这才是起步的初始。实际上，无论找怎样的人合作，都是为了让管理变得更为简单、有效，为了省去因烦琐的内部管理所耗掉的精力与财力，最大限度地激发员工的创造力，从根本上提升企业的价值。

要"管头管脚"，切勿从头管到脚

杰瑞是一家公司的老板，他每个月都会与员工核对公司的账目，每次都会对账务经理克莱姆说："现在，我们来核对公司这个月的账目余额，确保公司的预算不超标。当你看到这一栏超过 150000 美元或那一栏超过 3700 美元时，或者当这两部分加起来超过……"

经过一个半小时的核对，杰瑞才清楚公司的账目有没有错误，预算有没有超标，清楚每一笔费用开支用在什么地方，但事实上，他只需要对克莱姆说："每个月的财务报表出来后，你将收支、余额、重大花费等几个项目制作出一个表格，然后交给我过目一遍就可以了。"

很多管理者都像杰瑞一样，希望对公司的一切事务了如指掌，当他们布置任务之后，希望员工按照他们交代的方式去做事，为此，他们时不时地会监督一下，表现得不太信任员工。殊不知，这种从头管到脚的管理方式会产生诸多的弊端：过多的指点，让员工无所适从；员工总在你的指导下做事，一旦没有你的指导便不会做事了，这样他们永远都无法成长，永远难以得到锻炼；在工作中毫无自由度；加大了管理者的工作量。

　　杰克·韦尔奇在通用电气公司担任首席执行官时，有一次，公司组织登山活动。在活动的前一天，他给公司的高层管理人员做了一次有趣的培训游戏。那天他给每个参与者都提供了一顶耐克帽子、一双耐克鞋子。然后问大家："为什么今天给大家发帽子和鞋子？"

　　大家说道："为明天的登山做准备。"

　　韦尔奇又问："如果我还发衣服乃至内衣内裤给你们，你们觉得怎么样？"大家不约而同地"嘘"了一声，连连摇头说："不要，那样感觉怪怪的。"

　　韦尔奇说："对了。你们不想要，我也不应该给你们。其实，管理的道理就在于此，要管头管脚，但不能从头管到脚。这样，管理才会变得越来越简单。"

　　杰克·韦尔奇的话告诉我们：真正高明的管理者，懂得"管头管脚"，但绝对不会"从头管到脚"。他们应该给员工足够的自由度，重视发挥下属的积极性与创造性。而所有拙劣的管理者都有一个通病，那就是绝对相信自己，却不放心下属，他们经常疑神疑鬼，不礼貌地干预别人的工作。这样导致下属越来越束手束脚，时间长了，下属很容易对管理者产生依赖，而把自己最宝贵的主动性和创造性丢掉了。

　　如果管理者想医治这个"毛病"，就要把握好两个关键因素：

　　1. 搭建一个好的平台，让员工在信任的环境中做事。

　　身为管理者，必须要给员工创造一个宽松、信任的工作环境，对此韦尔奇是这样说的："我的工作是为最优秀的员工提供最广阔的机会，同时最合理地分配资金，这就是全部。传达思想，分配资源，然后让开道路。"这样才能让员工的潜能迸发出来。

　　2. 让员工拿工作结果来见你，以工作成果来衡量成败。

　　在越野比赛中，只要将起点、终点、比赛路线确定下来，每个人都可以按自己的方式去竞赛。至于谁先到达终点，为什么先到，谁后到终点，为什么后到，这并不是举办者该操心的事情。其实，企业管理和越野比赛是一个道理。

在美国不少的高科技公司采取的就是弹性的工作方式：不规定员工每天都要干什么，只给员工一个任务，给出完成的期限，具体过程由员工自己安排，最后以工作成果来衡量员工的业绩。在这种情况下，有能力、态度积极的员工，一般都会定时给领导上交较为满意的工作成果，而能力不行、工作态度不端正的员工，只能够接受淘汰的命运，谁都别在公司"混日子"。这种管理模式简单且有效，能将最优秀员工的潜能激发出来，将能力不足或态度不够端正的员工自然地淘汰出局。

管理者要明白，每个员工都有自己做事的方式与方法，无须强求一致。你要做的就是给每位员工下达明确的任务，规定任务完成的时间，然后等待员工给你一个满意的结果。至于员工到底用什么方法完成任务，你无须去监督，无须刻意地去插手或干涉，否则，不但会加大你的工作量，还会压制员工的潜能和创造力，使他们彻底失去自由发挥的空间。

将企业搭建成"人才发挥价值"的平台

组织结构"扁平化"，企业管理"极简化"后，企业则完全变成内部资源运筹与人才整合的平台。比如华为公司，内部成立子公司，将权力下放到一线工作人员身上，华为总公司的职能从"拍板决策层"变成了品牌建设、人才整合与资金资源运筹的一个支持平台，将经营权和决策权大部分地都交到了基层"班长"手中，使企业完全变成了"人才发挥价值"的平台。

韩都衣舍作为中国名副其实的互联网快时尚品牌，销路一路飙红。在 2014 年，韩都衣舍先后夺得天猫"双十一"女装冠军、"双十二"女装冠军及年度交易总冠军，成为名副其实的"三冠军"。在互联网这样一个快节奏的平台上，韩都衣舍是如何迅速成长起来，并取得不菲的成绩的呢？

从根本上看，韩都衣舍的成功就在于其独特的管理模式和企业在资源运筹与人才整合方面的"平台化"。

韩都衣舍目前共有 280 个产品小组，每个小组由 1～3 名成员组成，当然这些小组成员都是由总公司来分配整合的，每个小组成员主要负责产品的选款、页面制作、库存管理等，目前韩都衣舍旗下的 28 个品牌都是分裂出来的！也就是说，韩都衣舍已将自身定位于基于互联网的多品牌运营集团，本质上其实是一个平台公司，而不仅仅是某个已经被限定了的产品公司，它突出的是"人人都是经营者"。

可以说，以小组为核心的单品全程运营体系已经成为韩都衣舍公司的经营特色，也是韩都衣舍经营灵活性的重要保障。那么，这个以小组为核心的单品全程运营体系到底为何物呢？它是怎么产生，又有什么功能呢？

简单来说，就是将产品设计、导购页面制作与货物管理全权交给 3 人小组，由他们自主经营，自负盈亏。该体系的本质是将运营组织最小化，在此基础上实现"责、权、利"的相对统一：在"责"上，根据所获资源，每个小组都有明确的销售额、毛利以及库存周转率的要求；在"权"上，开发哪些款式、每款几个码、如何定价、库存深度多少、是否参加打折等都由小组说了算，几乎拥有一个网店老板的所有权力；在"利"上，用销售额减去相关费用，再乘以毛利率、提成系数与库存周转系数，就是小组奖金。如此一来，3人小组为了提高业绩，工作积极性就会大大增强。

另一方面，对公司来讲，每款产品都有3个人来全程跟踪，3人组应对市场反应是快速准确的，从而提高了库存周转效率并促进了新产品的及时上线。该体系支持针对每一款商品实现精细化运营，最终实现单品结算，使做一款产品与做1000款产品别无二致，这其实就像是农业合作社过后的家庭联产承包责任制，通过责任到人，员工的积极性便得到根本性的提高，从而也提高了整个公司和品牌的利润率。

韩都衣舍总公司已经成为单个时尚品牌的孵化平台。总公司会利用自己的资源和技术为子品牌提供供应链、IT、仓储、客服四大方面的专业化服务，子品牌只需专心做产品研发。

韩都衣舍实行的小前端、大平台的运营模式，就是希望通过这个平台帮助子品牌实现调性与质量的统一。在该平台上其旗下的子品牌不仅可以享受到四大专业化的服务，还可以参加"韩都大学"接受电商专业知识的培训以及商业模式等经验交流。

另外，在营销方面，韩都衣舍总公司还利用巨资签约韩国艺人，快速地培养潜在的消费者，提升品牌的影响力和扩展受众群。

"韩都衣舍"对公司的资源分配有着十分仔细的规划，所有的资源都只为获取用户的满意，可以这么说，其公司总部就是一个资源分配、支持销售和人才整合的平台。

在现阶段，一个企业竞争力的强弱，不仅体现在盈利能力上，还主要体现在对资源的运筹能力上。在新的经济形势下，身为企业主或者管理者如何才能让公司巧妙地变身为资源运筹和支持的平台，同时还能有效地提高公司的盈利能力呢？在此，我们给出以下两点建议：

1. 对公司的总资源进行充分的分析和把握。

公司既作为资源运筹的总平台，身为企业主应该充分对公司的资源进行分析，同时更要关注重点公司、产品与投资的具体把握；要善于从战略的发展、收益能力和风险水平等不同视角综合反映总部资产和收益状况、各下属业务单元的资源利用效率与效果；既要有横向行业标杆比较分析，也要有纵向的战略回顾；同时还需要以此为基础设计公司内部差异化的预警机制和业绩评价指标体系。在管理思路上最重要的一点就是对公司总部的这种分析能力，管理者既要能把握定性情况，更要重视用数据说话、指标量化。

2. 总部必须是资源分配和集中决策者。

在缩小公司经营单位的同时，公司的财务、人力、材料等资源必须要牢牢地掌控在总部手中，下属各单位不得作为财务投资主体，而是需要实施专业化运营，培育专业化运营的业务板块或子公司，同时，也应对各业务板块的经营风险与财务风险给予警示和监督。

员工"创客化"：人是目的，而非工具

如何搭建一个好的平台，让每个员工的价值得以充分地发挥出来？这是令很多经营者或管理者头疼的问题。要知道，一个鸡蛋从外面打破，一定是人类的食物，而从里面打破一定是新的生命的诞生。所以，要从根本上增强企业的竞争力，就是让每个员工的价值都能够从内部孵化出来，即让他们自发自动地想付出努力，创造价值。而要做到这一点，就要颠覆传统的雇佣制，让员工变成创业者、

动态合伙人。

在旧的企业制度中，都是管理者通过制定制度、实地监督等方式，采取强制性的措施，让员工去创造价值，也只是从"外部打破"。而通过一系列的制度改革之后，让员工变成"创客"，将个性化与数字化相结合的创业者。对于很多人来说，"创客"并非是个陌生词，英文即为 maker，指做东西的人，泛指出于兴趣与爱好，努力将各种创意转变为现实的人。

"创客"即是指以用户创新为核心理念，是创新 2.0 模式在设计制造领域中的典型表现。创客们作为热衷于创意、设计、制造的个人设计制造群体，最有意愿、活力、热情和能力在创新 2.0 时代为自己，同时也为全体人类去创建一种更为美好的生活。海尔总裁张瑞敏说："我想创造一个东西很难，但是现在的互联网业极为发达，可以集中许多的资源，我们可以让员工都成为企业的创客。"

海尔集团总裁张瑞敏对员工"创客化"有着极深的理念和极为丰富的实践，他认为，要在企业内部实行"创客化"，就要去除企业的管理层，让企业完全变成员工创业的平台。对此，他指出：

很多人可能会想，没有管理者，没有监督者，那这个企业岂不是乱套了，究竟靠谁来管理？其实没有关系。在企业中，每个员工都是创业者，他要创造的是价值。现在美国人说了一句话很好，世界上最大的问题就等于最大的商机。所以，你到网上或者实际生活中可以去调查，调查人们最近都在抱怨什么，大家都需要什么。这个问题就可以转化成商机。比如，我们有一个员工在网上看到，很多抱怨是妇女怀孕之后，坐在沙发上看电视非常不方便，如果可以躺在那里像看天花板一样看电视就好了。他想，这是一个商机，不需要完全由集团拍板决定，他自己去找创意。至于零件、技术方面的支持，完全靠员工自己去寻求。经过几番寻求，他们发现美国硅谷有这项技术，可以提供给我们，我们员工就可以根据市场的需求量来与对方协商，专利付费与对方入股都可以。第二个关键：零部件谁家有？美国的得州有仪器，然后再与对方进行协商合作。对于员工来说，他们只要做好了市场调查就可以做这个产品，只要有足够的市场分析，他们就可以完全地做决策。至于做这个项目的资金从哪里来，集团拿出来一部分，剩下的可以众筹。如果做起来了，市场发展前景良好，那么风投也会进来。风投来了，就做起来了。

每个员工在怎样的情况下工作积极性最高、最强呢？毋庸置疑，只有为自己、为自己的家庭工作，积极性才是最强的。企业平台化，员工创客化，即公司内部完全没有职能部门的概念，一切均为业务，一切均为业务赋能，贴近客户、服务客户，以客户价值为本作为公司的愿景，作为重中之重的重点去抓。

一般来说，员工"创客化"主要分为以下几个方面：

员工"创客化"后，员工不单单是管理者执行任务的"工具"，他们每个人都是创业者，这就要求集团管理人员在内部营造良好的创业氛围，并给他们提供专业的培训，让他们对"创业"感兴趣，进而逐渐地成为"创业家"。

海尔内部为了激励员工进行创业，企业内部经常会组织小组参与到竞争中去。这就有力地激发了员工的创业精神。

另外，在张瑞敏看来，在企业内部实行"员工创客化"是一场深刻的变革。员工定位在从原来的岗位执行人转变为拥有"三权"（即决策权、用人权和分配权）的创业者。过去企业讲放权、分析，现在我们就是要将权力完全下放到基层。张瑞敏说，第一是决策权，第二是用人权，第三是分配权。比如，"雷神"的三位员工发现了消费者的痛点：用户市场上对"游戏本"的意见特别多，多达几万条，但没有好的产品满足需求。这三位员工根据用户的需求倒逼硬件的开发迭代，最后迅速在产业中做到名列前茅。

这便是"人单合一"新模式的体现。这里所谓的"人"即指员工，"单"，表面指订单，本质是用户资源。人单合一，也就是员工能为用户创造的价值，面对用户的资源"合"在一起。张瑞敏感慨地说，成千上万人成就一个企业家，而每一个创新的个体都可以成为一个创业家：正所谓"破一微尘出大千经卷"。

企业要想在内部实现"创客化"，使员工定位从被动变主动，员工的薪酬来源是难点。员工的定位由被动变为原来的岗位执行人，由原来的岗位执行人到拥有"三权"（即指决策权、用人权与分配权）的创业者。员工的薪酬来源，强调从创造用户的价值之中得到。

张瑞敏指出，在员工创客化转型的路径之中，员工的定位改变与员工的换位首先是需要确定的。现在，海尔组织架构中只有三种人：第一种人叫平台主。所谓的平台主就是说你本来管理着诸多的工厂、车间，但是你现在是一个平台，管理平台上众多的创业团队。第二种人叫小微主，就是一个创业团队。第三种是普通员工，要变成创客。张瑞敏认为这三种人之间不是领导与被领导的关系，而是创业范围不同的关系。

还有一点，就是员工要从雇佣者转变为动态合伙人，薪酬分配是其中的关键。在传统的企业中，员工的薪酬主要指的是岗位薪酬。虽然有许多的考核，但你在哪个岗位，就有多少薪酬。现在，企业实行员工创客化后，企业便不再给员工薪酬，一定要从个人创造的用户价值中得到，得不到你就离开。也就是说，你参与的项目，必须要为客户创造出价值，为企业带来利润，否则就拿不到报酬或者离开。这种薪酬分配制度能够大大地激发出员工的积极性与创造性，让他们全身心地投入自己的创业计划中去，并会努力做好每一处细节，这也能够从根本上提升企业的竞争力。

总之，员工创客化的模式，使企业大大地减少了对员工的管理干预，让员工积极主动地在企业的平台上发挥出自身的价值。这种员工创客化的经营模式，彻底改变为"人是目的，而非执行的工具"的思路。正如德国哲学家康德所说，在任何时候，都不能把自己和他人当作工具。现代管理学之父彼得·德鲁克曾说，21世纪让每个人成为自己的CEO。这是企业增加自身价值的重要砝码。

让"薪酬"与"价值"挂钩：每个员工都是CEO

企业内部实施员工"创客化"，让每个员工从原来的"被雇佣者"变成企业的动态合伙人，这其中最为核心的问题，就是要改变员工的薪酬来源。原来员工的薪酬由企业统一发放，对于表现好的员工给予适当的奖励。但是，员工"创客化"后，企业内部则要发生颠覆性的改变。

第一，企业完全变成了平台。这个时候，企业已经不是通过"雇用员工"来创造价值的机构，而是提供员工创业资源的平台。企业提供资源、渠道等，员工可以自己组建团队来进行创业。

第二，企业科层机构压扁，即组织结构扁平化。就像海尔公司，为了节省资源，将中间的一万多人的管理层给"砍"掉了。

对此，海尔总裁张瑞敏说，要适应新经济形式，企业必须要做到去"两化"。第一，"去中心化"，即指企业没有中心。原来的企业有很多中心，所有的领导都是中心，每个员工都有他的上级，甚至很多上级，很多中心。这造成了人力资源的浪费，大大地增加了成本。第二，去"中介化"。过去企业有一千多人专门评价内部员工做得怎么样，现在完全不需要了，要将这些机构人员裁掉。为什么不需要？就是让客户直接评价。比如我们的物流，给用户承诺按约送达，超时免单，七点送，超过七点所有送的货不要钱。这个就无须再用专门的人去了解用户对员工的评价，交由用户直接评价就是了。去"两化"之后，企业内部发生了怎样的变化呢？原来企业有很多层级，现在则变成了三种人。这三种人互相不是领导被领导的关系，而是创业范围不同的关系。

第三，员工的薪酬来源，从他们自身创造的价值中来。

张瑞敏说，从前，每个员工都是雇佣者、执行者，传统企业薪酬就是岗位付薪，虽然有很多考核，但是哪个岗位就有多少薪酬。现在我们内部叫它"断奶"，不再给员工薪酬，你需要从创造用户的价值中得到，得不到就自动离开。结果有一些小团队就没有挣到钱，没有创造用户价值，他们的"平台主"就要判断他们到底行不行：不行就要离开，让另外的团队来做；如果行，那这段时间的工资就由"平台主"来开。这便是企业内部的公平、公正得到了彰显，使每个员工的价值、能力得到最大限度的发挥。

还有一种合作关系，就是平台与小微主的关系，即是平台主不是领导，不是管理小微主的，而是为他提供服务的。比如，一个小微主，他在利用公司平台创业过程中，平台主预示到风险后，便跟他切断了关系，即无论你干得好与坏，企业都不再给你发钱。这个小微主的项目没有做起来，他的工资、出差费用，所有的费用也就没有了。他给平台主提出能不能通融企业把钱借给他。这当然是不可能的，最后经过考虑，这个平台主说可以借钱为你提供支持，于是便拿出了 20 万用来支持这个项目。小微主和他的团队会拼尽全力去干好这个项目，否则，这些钱就全打水漂了，那最终小微主就要承担责任，要把这个钱给还回去。也就是说，当员工成为创客后，利益和风险必须要共同承担，否则，所谓的创业就是一句空话。

海尔在内部实施"创容化"，截至 2015 年 8 月，包括平台主在内的 20 多个人共同出资 500 万投入平台，其中平台主出资 100 万，这样的员工真正成了公司的合伙人、股东，更好地推动公司实现"用户付薪"。

对此，张瑞敏称："每个员工由雇佣制变成创客后，创客需要跟投创业，有风投来投资，你要跟着投资，这样就绑在一起了，最后达到共赢的目的。"

2015 年，海尔实行孵化的"快递顺"项目就是一个很好的例子，他们与风投签订了一个 3 年市场目标的对赌协议，如果完成不了，前期投的 900 万元将赔给风投。对于这个项目，张瑞敏透露："合伙人不是不管我干得好不好都拥有股份，如果干得好股份可以保留甚至扩大，如果没有能力再往前推进，就要把钱退给你，这和股市上买股票是一样的。"

在海尔创造的小微团队中有的团队可以增长，有的团队不能增长，如果实现 100％增长将会在海尔内部加快复制。目前，海尔小微团队不仅孵化出了包括免清洗洗衣机、雷神游戏本、智能烤箱、手持洗衣机等家电产品，还覆盖了物流、金融等领域。

由此可见，要想顺利实现内部"断奶"，让员工的薪酬从其创造的用户价值中得到，可以最大限度地提升员工的积极性和创造性，同时还可以凝聚人心，提升企业的向心力，让全员参与，将企业做强。

当然，员工"创客化"后，要想让员工获得最大的利益，经营者或管理者，需要做以下的努力：

1. 公司对员工进行培训。

让员工在企业内部进行自主创业，决定其成败的就是员工的素质。企业除了给员工以资金、渠道支持外，还要投入精力去培养他们，定期地对他们进行专业知识和操作方面的培训，让他们在不断学习中提升自身的专业素质，这样才能让他们在增值中创造价值。

另外，对员工进行培训为他们建立学习型组织提供了保障，使企业时刻有新的血液注入。这样可以让员工永不满足地提高产品和服务质量，通过不断学习和创新来提高效率。企业可以为员工建立学习型组织，就要建立一个能够充分激发员工活力的人才培训机构，成功的培训将是企业获得效益、员工获得收益的不竭源泉。

2. 先破后立，鼓励员工从细微处进行创新。

员工在企业内部实施自主创业，其创新能力就显得极为重要。如何让员工创新，将他们的想法付诸行动，企业就要给予引导。正所谓，不破不立，创新的前提是尊重传统，很多时候的创新并不见得要大刀阔斧，往往一个细微改变就能化腐朽为神奇。因此，管理者要常常鼓励员工进行微创新，这样才能在枯燥繁杂的日常工作中，创造出在"细微处开出花儿来的小奇迹"。也就是说，当公司真正从细微处着手，慢慢积累创新经验时，最终就会从量变跃进到质变。

我们处于一个"大众创业、万众创新"的时代里。但是，大凡谈到改革和创新，在很多人的脑海和潜意识里出现的都是一些"高大上"的改革措施、高新技术、创新项目等，很多时候，往往会忽视微小的创新，这是一种真正意义上的创新，其对公司发展的推动作用，以及在工作中推广应用的效果不可忽视。所以，企业要鼓励员工进行"微创新"，让小投入产出"大利润"来。

紧抓大事，别在小事上"用力过度"

在现实中，管理者的工作千头万绪、复杂多变，要避免使自己陷入忙碌，预防过度管理，就要懂得紧抓大事，切勿在小事上"用力过度"。聪明的管理者，要懂得抓"大"放"小"，如此才能驾驭全局。这里的"大"指那些有关组织发展方针大计等方面的事情，而"小"是指那些无关大局的事。

比尔·盖茨在一次电视采访中提及，他身为微软公司的总裁，再也没有编写软件的时间了。但是无论多么忙，他每周总会抽时间到一个宁静的地方独处。为什么呢？他说，面对繁重的工作和激烈竞争的 IT 市场，他作为一个企业的管理者，不能将精力浪费在烦琐的小事上，他必须用专门的时间去思考，以做出具有战略意义的决策。

如果你是一个组织的领导，要善于从全局角度去抓大事、要事。比如，考虑工作目标、制定工作规划，确定一年中有哪些改革创新、人事该如何安排、钱财如何分配等，而对那些无关大局的小事，则要果断舍弃。

李刚是中关村一家软件开发公司的经理，他每天要应付上百份来自客户的订单文件。他已经明显地感受到疲于应付，他曾考虑增添助手来帮助自己。可他最终及时刹住了自己一时的妄想，他觉得这样做只会让自己的办公桌上多一份报告。每天走进办公大楼时，李刚就开始被等在电梯口的职员团团地围住，等他走进自己的办公室，已经觉得身心疲惫。

实际上，李刚自己给自己制造了诸多的麻烦，既然是公司的高层负责人，他的职务只应限于与有关公司全局的工作，下属各部门本应各司其职，以便给他留下足够的时间去考虑公司的发展、年度财政规划，在董事会上的报告、人员的聘任和调动等工作，可他偏偏将精力过多地浪费在无关紧要的琐事上，并让自己越陷越深，对自己的下属也越来越不信任，过多地将自己的时间和精力浪费在毫无价值的琐事上面。这样的管理方式，根本无法带动并且推进公司的发展。

终于有一天，李刚不耐烦了，便将公司所有的人叫到办公室开会，将所有无意义的文件抛出窗外。让下属自己拿主意，不要来烦自己。为此，他做了一个硬性的规定：所有递交上来的报告必须筛选后再呈送，不能超过十份。刚开始，秘书和所有的下属都不习惯，他们已经养成了奉命行事的习惯，而今却要自己对许多事情拿主意，他们真的有点不知所措。但是这种情况没有持续多久，公司就开始有条不紊地运转起来。下属的决定非常及时和准确，公司没有出现差错。而且，往常的加班也取消了，因为工作效率大幅度地提高了。李刚也有了时间不时地给自己充充电、进健身房，他觉得生活惬意极了。最为关键的是，他放权后，许多下属的工作能力也在不断地提升，年终的时候，公司的业绩有了大幅度的提升。

有的管理者总将自己当成凡事都要大包大揽的"超人"，他们总是被"琐事"缠身，每天都忙得团团转，到头来却业绩平平。这便违背了管理的根本目的，即产生效益。事必躬亲，眉毛胡子一把抓，结果只会使自己处于被动的状态。管理者若事无巨细，便会焦头烂额地顾此失彼，还会影响下属的积极性，甚至使下属产生"领导不信任自己"的想法。

在管理者的岗位上，只有抓关键事务才能使一些琐碎的事务迎刃而解，才不致使属下似无头苍蝇一般乱撞。只有总揽全局，站在全局的角度抓重点工作，才能让部属在自身的岗位上创造价值，进而从根本上推动公司的发展。

打破惯性思维：运用最简单的方法解决问题

法国学者查铁乐说："你在做事的时候如果只有一个主意，这个主意是最危险的。"这句话同样适用于管理活动中。身为管理者，要想在企业内部实行简化管理，最为重要的一点，就是运用最简单的方法去解决管理上的问题。

很多经营者或管理者可能都有这样的体会，在我们还是企业中的新员工时，在上班的第一天，都会发现这样或那样的问题。比如，为何要做这些事情？如何使它能更好地完成？它的目标是什么？它对企业意味着什么？随着时间的推移，我们的问题越来越少，甚至开始对自己的做事方式感到自我满足，对很多问题的处理，已经形成了固定的模式，做事开始变得死板。在传统观念的限制下，我们总是习惯于使用常规思维去解决问题，以致很多问题只是在原地打转，甚至倒退！但是管理是一项极富创新性和挑战性的工作，身为管理者，我们要及时打破惯性思维，在考虑问题时尽量用最为简单的办法去解决问题。

瑞安航空公司是一家廉价航空公司，总部设在爱尔兰。在 20 世纪 80 年代末，该公司因为经营方面的问题，一度曾濒临破产。在 1991 年，该公司聘请迈克尔·奥利里接任该公司的总裁。经过几年的努力，该公司便成了欧洲旅游业中利润最高的公司之一。1999 年，当大多数欧洲公司都在苦苦地挣扎时，瑞安航空公司总收入却高达 2.6 亿美元，税前利润为 5180 万美元。

瑞安航空公司能在市场大环境不景气的情况下，取得如此良好的经营业绩，关键就在于奥利里较早地认识到了航空旅游业存在的问题，并对解决策略进行了系统和理性的分析。

其实，奥利里的管理并不复杂，只是他比一般的管理者善于发现问题和解决问题。当他发现公司亏损是由于机票价格太高使旅客流失时，便决定改变经营方针：瑞安航空公司开始为一些欧洲机场，例如瑞典马尔默、伦敦北郊的卢顿和斯坦斯特德提供飞机。另外，奥利里还大幅度地降低了机票的价格：当瑞安航空公司开通飞往威尼斯的航线时，往返机票仅为 147 美元，而英国航空公司则是 815 美元。

奥利里的目标是使坐飞机成为更多欧洲人能够负担得起的交通方式，同时公司还要赢利。1999 年，在欧洲航空公司中排名第八的瑞安公司载客量是 600 万人次。奥利里计划在五年之内使这一数字翻一番。但是一开始，计划实施得并不顺利，因为公司的成本总是居高不下。对此，奥利里没有坐在办公室里发脾气，也没有一味地责怪下属，而是亲自到各个分公司了解情况。

通过调查研究，奥利里发现公司成本过高的原因是机场收费较高，而要解决这一问题的最佳方法就是逐渐地将公司的业务转到英国较小且收费较低的机场，因为那里的乘客要比爱尔兰多。找到症结之后，奥利里立即实施自己的计划，将业务转移到了英国。

在奥利里解决了一系列的问题之后，瑞安航空公司不仅渡过了危机，而且由此建立起了良好的运营机制，公司也逐渐地摆脱了困境，走上了健康、良性的发展轨道。

管理的本质就是解决难题、创造效益，但是解决问题的方法有很多，总有一个方法最为简单、最实用，这就是简单管理的实质。只有崇尚简单，才能在处理问题的时候直奔主题，才能实现真正的简单管理，以实现高效率和快速度。当人们将复杂的管理工作简单化，将层层机构简约化或扁平化后，完成一个任务所用的时间就会少许多，效率自然也就提高了。

实行简单化管理，不是放任不管，而是换个角度想问题，换一种更简单、更有效的管理方法。对此，管理者要实现简化管理，管理者可以采取以下原则：

1. 为人要简单。

这里的简单是说管理者在为人处事的时候要足够真诚、坦率、简单，这样才能在公司中创造简单办事的氛围，才能引领部属或员工在简单的工作环境中，将心思全部用在工作上，创造好的业绩。

2. 思考要简化。

思考问题复杂化是产生问题的根本原因。将问题简单化是解决问题最好的方式。遇到难以解决的问题，与其死盯住不放，不如学着转换一下思路，化难为易，从根本上解决问题。将自己生疏的问题转化成熟悉的问题，开启了另一个视角，就会产生一条新的思路。抓住了事情的关键，才能找到针对性地解决问题的方法。

3. 工作要简化。

管理者要努力简化管理工作。任何事情都可以分割成几项最为主要的因素，找出了这几项要素，问题也会变得简单。任何事情都是由主要矛盾决定的，找到了主要矛盾，问题便会迎刃而解；任何人的特点都是由他的个性决定的，找到了他的个性，也就认识了这个人。

因此，好办法与坏办法的区别不在于简单与复杂，而在于谁搞清楚了问题的本质。抓住了问题的核心，解决起来就变得简单了。优秀的管理者有办法将复杂的问题简单化。在解决问题之前，他们能够透过现象，抓住问题的根源，从而轻而易举地解决所谓的管理"难题"。

第五章

管人要管心：
精神力量是较低成本的管理

在企业中，管人可谓是管理工作的核心内容。可是，对于很多管理者来说，管人却是件极难的事，因为"人心"难测。实际上，世界上优秀的管理者都善于通过"管心"来达到"管人"的目的。这里所说的"管心"，其实是通过非权力影响力，即精神力量来赢得员工的心，使他们感觉受到企业的信任和器重，使他们有机会发挥自己的才能，并从企业中获得所期望的薪酬，这样他们才愿意追随企业。可以说，这是一种低成本的管理方法，更是企业实现简化管理的核心，所以，每位管理者都应该充分运用精神力量去管人，这样使你的管理达到事半功倍的效果。

物质激励的边际递减效应：精神才是重要力量

张总是某集团公司的董事长，最近遇到了一些烦心事。集团下面有5个子企业，其中一个企业在西部地区，市场不够成熟，运营环境也比较差。张总想让曾经与自己一起创业、现任最大子企业总经理的王经理负责这个公司，并且承诺王经理的年薪在现在的基础上上调30％，但是王经理则明确地表示自己不愿意接手这个烂摊子。王经理是集团的创始人之一，当初他跟着张总一起奋斗，吃了不少的苦。从公司赚到的第一个100万元，到现在上百亿元的公司资产，里面也凝聚着王经理的汗水。

在之前，最为艰苦的岁月都一起走过来了，另外，王经理还获得了集团的股份。然而，现在条件好了，王经理的热情却没有了。张总也不知道问题出在了哪里。

在经济学中有"边际效应递减规律"，它是指人们手中拥有的某种商品越多，其边际效应就越低。在人力资源管理中，也存在边际激励效应递减规律。也就是说，在一个企业中，管理者每增加一个单位某种激励量而引起的激励效应的增加量，会随着这种激励的增加，而逐渐地减小。这也意味着，企业采用某种激励措施越为频繁，激励量越大，对员工的激励作用就会越小，或者说增加相同单位的激励量，得到的效果会不如先前。

实际上，上述案例中的张总面临的就是这个问题。在创业初期，赚得第一个1万元，得到第100个1万元，其激励效果是不一样的。用1万元奖励一位年薪只有5万元的员工和奖励一位年薪有100万元的员工时，所起的激励作用是不同的。激励的边际效应在逐渐地下降，也就是说，物质的激励作用是有限的，聪明的管理者，除了用物质激励外，还十分注重对员工的精神激励。正如任正非所说："物质激励所起的作用是有限的，我们要不断地激发人性中积极进取的力量，这种力量才是不竭的。"

的确，从人性的角度分析，人人都是有精神渴求的，那种由责任与意义驱动的人生，能产生无限的能量，创造出惊人的奇迹。比如苏格拉底、贝多芬、爱迪生、曹雪芹、乔布斯、梵高、达利等人物，都曾经在物质上穷困潦倒过，能激发他们创造奇迹的正是内心的精神力量，如果说，物质激励的边际效应是递减的，而使命感和责任感所牵引的动力则是持久的，不断地强化的。从这个角度分析，精神激励是成本极低、最持续有效的管理模式，它可以使企业摆脱对物质激励的依赖，使企业从不断加薪、再加薪的死循环模式中摆脱出来。当然，这里所指的精神激励不仅仅是指口头上的表扬或鼓励等，还包括管理者的强大领导力，比如威信、影响力、个人魅力、气质等，还包括悉心的关怀、爱护等，同时还有健康良性的企业文化的熏陶等，都属于精神激励的范畴。对于管理者来说，要在企业内部实施精神激励，需要注意以下两个方面：

1. 将物质激励和精神激励相结合。

心理学家马斯洛将人的需求分为 5 个层次，最为基本的就是物质方面的需求，所以，在实施精神激励时，一定要先满足员工基本的物质需求，然后再将二者结合起来，才能起到更为积极的作用。

管理者切勿对员工大谈梦想、前途，只让他们无条件地付出，却不谈给予，也就是说，空谈精神激励只会引起反感，激发员工内心的怨气，而无法真正地起到应有的激励作用。

2. 找出适合自身企业的精神激励方法。

首先，激励要为实现企业目标服务。激励的存在是为了鼓励员工向实现组织目标的方向做出努力。为了更快、更好地实现企业的目标，所以激励要为目标服务，切勿背离目标。这就要求管理者应该明确自身的企业目标，然后选择适合自己的激励方法。

其次，激励的方法也要考虑员工的特点、个性或精神需求。员工的情况千差万别，不同的员工有不同的需求，所以每个员工对激励的反应是不同的，因此，采取激励的措施应该考虑员工各自的情况，以便区别对待。

最后，精神激励要与考核制度结合，这样才能激发员工的竞争意识，使员工的业绩与物质激励挂钩，同时再使用精神激励，让员工发自内心地努力工作，充分地发挥人的潜能。

用权力"压服"，不如用威信使人"信服"

《论语·子路》中有语："其身正，不令而行；其身不正，虽令不从。"身为一名管理者，在员工面前不仅要有权力，更要有威信。在管理岗位上，管理者本身就拥有了法定的权力，而管理者如若使用品格、才学、学识等在管理过程中对员工形成一种非权力影响力，这便是威信。威信可以有效地激励士气，提升员工的执行力，使命令得到有效的执行，这比用制度去约束人，或用权力去"压人"更能使人省心省力。在管理行为中，管理者如能通过树立威信，使下属或员工的执行力得以提升，是成本最低的管理。

当然，对于管理者来说，威信这种无形的号召力不是靠蛮力可以争取来的，而是在管理过程中潜移默化地树立起来的。很多管理者，如果在行使权力过程中使员工对其权力产生惧怕或者恐慌，那就造成了"过度管理"，如果你将此当成威信产生的效果，那就大错特错了。

一般来讲，如果你有以下这些症状的时候，就要考虑你的威信问题了：

1. 多数时候，员工对你的指令嗤之以鼻、慢慢腾腾、心不甘情不愿地去实施；

2. 员工会经常唠叨："烦死了，事真多！""凭什么要我加班呀！又不给我涨工资！"等等；

3. 员工有时候会与你顶嘴；

4. 员工会向你的上司投诉，对你的管理方式极为不满；

5. 员工经常会给你白眼；

6. 上级总是批评自己；

7. 同级之间有坏事总是要你出头；

8. 上级很少考虑你提出的意见。

以上问题，很多管理者在现实中都遇到过，都是缺乏威信、说话没有效力的体现，这给其工作增添了许多不必要的麻烦。没有威信的管理者，在组织当中丝毫起不到领头羊的作用，虽然得到了企业的任命，但这只是能够成为主管的前提，并不是获得威信的充分条件。在组织当中，有些成员，虽然没有担任相应的职位，但是他的话对其他成员来说依然有威信，其他成员也愿意按照他的要求执行任务；如果管理者不具有威信，那么组织成员对他的指令和要求就可能视而不见。这就是有威信的人和没有威信的管理者之间的差别。

春秋战国时期，将军吴起有着极为卓越的军事才能，其战绩辉煌，是战场上的常胜将军。这与他带领队伍的方式有着极大的关系。据说，吴起虽然居于将军之位，但是与最下层的士卒同衣同食。睡觉时也不铺席子，行军时不骑马坐车，亲自背干粮，与士卒共担劳苦。士卒中有人生疮，吴起就用嘴为他吸脓。这个士卒的母亲知道这事后大哭起来，别人说："你儿子是个士卒，而将军亲自为他吸疮上的脓，你为什么还要哭呢？"母亲说："当年吴公为他父亲吸过疮上的脓，他父亲作战时就一往无前地拼命，所以就战死了。现在吴公又为我儿子吸疮上的脓，我不知道他又将死在哪里了，所以我哭。"

通过吴起的做法，我们便可以发现，强大的威信可以让属下心甘情愿地为自己的命令去送命。在企业中，管理者的强大威信力同样也可以达到"不令而行"的效果。所以，从这个意义上讲，树立威信是成本最低的管理。那么，在现实中，管理者应如何树立自己的威信呢？

实际上，"威"来自两个方面：一是上级给予的，二是自身的素质能力、品质争取的。上级给予的是"权"，自身争取得来的是"信"，二者的有机结合就是"威"。对于管理者来讲，上级已经给予了你"权力"，而要树立威信，主要靠自身的能力和素质。你可以从以下几个方面努力：

1. 有德方能立威。

那些使人信服的领导，无不拥有良好的品德和高尚的人格魅力。要立德，管理者要以身作则，言行一致。在工作当中坚持原则，秉公办事，赏罚分明；能够深入员工内部，了解员工所需，多为员工谋福利；同时，要坚持真理，坚守正义。可以说，道德规范的遵守是管理者具有威信的最低要求，否则如若东窗事发，管理者便会名誉扫地，威信自然难以树立起来。

2. 知识储备要过关。

有才方能立足，身为管理者，其自身才能的高低也关系着其威信的大小。为此，管理者要时刻汲取更多的知识，适时地增加自己的知识储备。让员工看到你的才能，从心理上使员工信服。

所谓"三人行，必有我师焉"，有时候员工所擅长的东西管理者未必懂，这个时候在虚心请教的同时也要自己翻查资料，能够给员工提出建设性的提议。如果一个管理者自身的知识储备都不过关，那他就没有权力指点自己的员工，在工作方面的威信也便无从谈起。

3. 用业绩树威信。

业绩是一个管理者自身能力、素质修养与才能的终极体现。用好的业绩能够使属下心服口服，也能使管理者获得最有力的话语权。一个人要想在一个群体中脱颖而出，靠的就是业绩与能力。人都有一个"畏首"心理，哪怕是在一群陌生人当中也能够找出最突出的那个人，而那个人的话语在无形之中让我们有遵从的欲望。所以，一个经营者要想有威信，突出的业绩是必不可少的武器。用业绩讲话，管理者自己有底气，员工也会觉得没有跟错人。这个时候，你若向他们下达命令，即便员工有质疑，他们还是会干脆地遵守，因为你的成就让他们觉得你是对的。所以，威信就在无意之中形成了。

4. 敬业勤奋，才能使人心服口服。

在现实中，很多管理者为了督促员工完成任务，制定了严苛的管理制度，比如上班时间不准聊天、不准接电话，而自己则是坐在办公室里优哉游哉地玩游戏、视频聊天，这样的管理者在训斥员工工作不努力，或任务完不成的时候，只会让员工觉得你"站着说话不腰疼"。

俗话说："懒汉下面无勤兵。"让员工看到你勤劳的一面，才能树立起你的威信。也许在专业技能方面的欠缺，会让员工对你产生质疑，而这个时候你的勤奋便能够为你挽回颜面。你对问题深入了解之后，虽然对业务没有员工那般熟悉，但是如若让员工看到你的努力，员工也会心悦诚服。即便你在某一方面不甚了解，你可以说"这段时间在忙别的，所以没有了解"，这使你仍旧看起来有威信。管理者"在其位，谋其政"，这个身份注定你没有偷懒的权力。当然付出总有回报，勤奋也会让你深受员工的爱戴。

5. 摆正你的小天平。

公平、公正是所有员工最为希望的，出多少力拿多少报酬也是员工认定的最为基本的"公平"。所以管理者坚持公平、公正是树立威信的另一个良方。每个人都有自己的喜好或憎恶，你可能因为个性、长相、态度等原因欣赏某个员工，很容易出现偏袒某个员工的情形。这个时候你要给自己敲响警钟，摆正你的小天平，这是维持你威信的筹码。

从心理学角度分析，人类最容易产生委屈心理，一旦觉得自己是被误会的一方，就可能出现违反管理者意志的行为，那么管理者的威信也就是纸上谈兵，毫无实质可言。

总结以上五条，管理者树立威信也不是一蹴而就的事情，需要从小事当中慢慢积累，或许有难度，但是它带给你和公司的利益却是巨大的。

低调"推功"，高调"揽过"

在现实管理中，经常存在这样一种现象：当大家一起共同完成工作，取得优异的成绩的时候，有些管理者总是喜欢率先往自己脸上贴金，强调自己所起到的作用，生怕下属将功劳抢去了，这种现象叫作"抢功"或者"揽功"。与员工一起共事，由于管理者指挥不周或下属执行不力出了问题时，有些管理者则会马上将过错归咎到下属头上，撇开自己应承担的责任，这种行为叫作"推责"。

刘经理是某科技公司的销售经理，他与下属一起，历经半年的时间，将公司的新产品打入了市场。当公司董事长来检查工作时，他夸夸其谈，将功劳全部都记在自己的头上，好像这个团队如果没有他，就不可能完成这样的工作。

董事长大喜，当即表扬他，许诺给他种种奖励。但是下属们却不高兴了，他们对刘经理自私的行为非常地愤怒，从此与他离心离德，不管刘经理做什么，他们都不愿意配合他。还有人暗中给上级写检举信，揭发他在工作中所犯的错误……

实际上，将集体的功劳都往自己身上揽，将集体的错误往下属身上推，是两种极为愚蠢的行为。这样做只会让下属觉得你太过自私，然后对你敬而远之。即便你在工作中真的发挥了关键性的作用，付出了很多，也无须自我标榜，因为是你的功劳，谁都抢不走。即便你指挥没有失误，完全是下属的执行力导致出现了问题，你也无须推责。相反，你应该主动地站出来，帮助下属扛起应负的责任。你越是低调推功、高调揽过，你越是能够赢得下属的敬重。

汉武帝时期的张汤，本为长安吏出身，却能够平步青云登上御史大夫的宝座，且深得汉武帝的信任，其关键在于"推功揽过"的高明处事法则。每当有政事呈上，当武帝表现出不满时，便提出指责。这时候，张汤则立刻谢罪遵办，并说道："圣上说得极是，我的属下也提出过此意见，我却未采纳，一切都是我的错。"反之，若武帝夸奖他，他则会大肆地宣扬属下某某点子好，某某办事利落。如此得到了手下人的爱戴。可见，张汤达到了用人的无上境界。

在荣誉到来之前，有些管理者常常利用自己的领导地位挺身而出，当仁不让。似乎这样才能表现出自己的高大形象，才能说明自己的成功。殊不知，一个管理者是否真正成功，得看他手下的人是不是成功了，只有下属成功了，才表明你这个管理者也成功了。美国著名的橄榄球教练保罗·贝尔在谈到他的队伍如何能够取得一个一个的胜利时说："如果有什么事情办糟了，那一定是我做的；如果有什么差强人意的事，那是我们一起做的；如果有什么事情做得很好，那么一定是球员做的。这就是使球员为你赢得比赛的所有秘诀。"对于管理者来说，这是一种极高的个人风范，这种与下属共享荣誉并为下属主动承担责任的精神鼓励了球队中的每一个人，促使球队取得了一个又一个成绩。

《菜根谭》中讲："当与人同过，不当与人同功，同功则相忌；可与人共患难，不可与人共安乐，安乐则相仇。"意思是，做人应当有和别人共同承担过失的勇气，而不应该有与别人共同分享功劳的念头。这句话告诉我们，做人要有胸怀，而不要自私、计较，对管理者而言，有着极深的警示作用。

要知道，世界上大凡卓越的管理者，都懂得与别人分享美名，分享功劳，在他们还没能够成功的时候，懂得与别人分享利益。当他们成功之后，又懂得推功揽过，将功劳给大家，失误自己来承担。只有这样，才能够赢得下属的信任和敬仰，才能让追随者心里踏实，只有这样才能够凝聚人心，走向成功。

推功，即是将功劳归结为下属的努力，是对下属极大的肯定和赞美；揽过，主动站出来承担错误，是对下属的一种庇护和尊重。学会推功揽过，是管理者赢得下属之心的重要方法。

用“强者”气质，打造铁血团队

身为领导，你是否觉得自己的团队总是暮气沉沉，队员身上都缺乏一种朝气蓬勃的精神面貌？你是否觉得自己的团队缺乏创新力和市场竞争力？你是否觉得自己和下属的自信心都在一点点地流失，团队“战斗力”也在逐渐地变弱？

其实，团队出现上述问题，主要是因为团队内部缺乏一种“强者”的气质。

拥有“强者”气质的团队总是表现出一种朝气蓬勃的面貌。一个团队需要青年人的冲劲，中年人的稳健，老年人的经验，但是在精神状态上只需要朝气。暮气沉沉的团队是没有创新力和市场竞争力的。朝气蓬勃代表着不迷信权威，勇于进取，敢于探索，永不放弃，敢于突破。朝气蓬勃也代表着事事追求完美，拒绝平庸，拒绝得过且过。朝气蓬勃也代表着目光远大，着眼未来，潜力十足。可以说，一支拥有“强者”气质的团队是战无不胜的。而一个团队“强者”气质的缺乏主要是领导者造成的。

不可否认，与人一样，每个团队都有属于自己的独特精神气质，而且这种气质一旦形成，便在短时间内不会轻易改变。就像谈及巴西足球队，人们第一个想到的词便是“激情”，后来欧洲许多踢球的巴西运动员进入国家队后，又增添了严谨、硬朗的元素，新的主教练也会将自己的思想与气质注入这支团队，但无论怎样，激情四射的进攻足球还是巴西队的主流，几十年来，它已经成为巴西队的精神文化符号，让巴西队赢得了一场又一场的胜利。

团队气质的形成受多方面因素的影响。两个不同的团队就有两种不同的气质，团队成员的学历结构、年龄结构、性别比例等对团队的气质的形成有直接的影响。但是对团队气质影响最大的还是团队创始人，包括核心成员的性格。正所谓"兵熊熊一个，将熊熊一窝"，《亮剑》中李云龙就是用他那种"明知不敌，也要敢于亮剑"的"强者"心态把一支打了败仗抬不起头的团队最终变成了嗷嗷叫的"野狼团"。一个敢于"亮剑"的强者能使对手生畏，让自己的队员充满信心。一个具有强者心态的领导能带领一个团队无所畏惧，勇往直前，创造出一个个的传奇。

所以说，如果你觉得自己的团队总是暮气沉沉，缺乏朝气蓬勃的精神状态，那就先从自身找原因吧，扪心自问：我自己有朝气蓬勃的、富有激情的"强者"气质吗？

俗话说，不想当将军的士兵不是好士兵。那些缺乏"强者"气质的管理者，注定不能带领团队取得成功。因此，管理者要从自己当上"王"的那一天起树立"永做第一，不抛弃，不放弃"的强者心态和强烈期望，这种积极的心态和精神状态可以促使自己带领全体员工去努力奋斗，并最终成为真正的强者。

其实，古今中外，那些成功的团队管理者，都是怀揣着一颗积极主动的心去做好每一件事情，并将自己的"强者"心态融入团队中，形成一种强大的精神气质，引领和打造了一支支"嗷嗷叫"的团队。

团队领导要想使自己的企业在强手如林的市场中站稳脚跟就必须具有"永做第一，不抛弃，不放弃"的精神气质，然后带领自己的团队不断向行业的第一位置迈进。对于那些发展中的企业，管理者要敢于与比自己更为强大的对手相比肩，永远找比自己更强大的对手，这样才能使企业在发展的道路上越走越远。

商场的严酷性比战场更有过之而无不及，企业一时间的相对停滞也就意味着绝对的大步倒退。因此，管理者的心态是否积极主动与企业的命运息息相关。在竞争异常激烈的市场中，要使自己的企业能够获得健康发展的因素，管理者务必要勇于竞争，善于竞争，同时也要吸收各方面的智慧，以丰富自己，自强不息，永争第一。

点燃团队"激情"，让每个队员都熊熊"燃烧"

一个拥有强大"战斗力"的团队，一定是富有激情的。它能让每个队员都充满积极向上的气息，无论在什么样的境遇下，都能以一颗赤子之心，焕发出强大的活力，完成工作任务。它是一股强大的精神力量，能够补充队员的精力，不断为队员充电，并形成一种坚强的个性，激发队员的潜能，让每个人都能充分发挥自身的优势和潜力去应对自己的工作，最终取得不凡的成就。它是团队永葆活力和创造力的重要方法。

所以，身为管理者，要让你的团队充满活力，让每个队员都像熊熊燃烧的大火一般在企业中释放能量，就要先点燃团队的激情，然后再将这种激情永续不断地传递下去。这是打造精英团队的一个重要方法。

关于此，我们先看看微软公司前首席执行官兼总裁史蒂夫·鲍尔默是如何做的吧！

史蒂夫·鲍尔默对微软公司的影响巨大。如果说盖茨是微软的技术领袖，那鲍尔默则无疑是精神领袖；盖茨是大脑，那鲍尔默就是心脏。其实，他带领团队创造奇迹的方法很简单，便是持续不断地给团队注入激情。

其实，鲍尔默本身就是一个对工作富有热情和激情的人，他的这种状态也影响和感染着微软员工。同时，在带领团队过程中，他已将传递激情变成了一种习惯。他的一句话，一个充满激情的动作，都会使员工受到很大的激励。

鲍尔默还在求学时代，就是一个非常富有激情的人。他当初是哈佛大学足球队的啦啦队队长，他有能力让全场的人热血沸腾。一种对事业的激情，让他把这种能力发挥到了微软的管理上来，使微软的员工在开拓市场时更加团结，更加投入。鲍尔默说："好的统帅要懂得控制比赛的节奏和进程，还要懂得如何激发团队的斗志——你要用自己的激情去点燃他们。"他用激情去激发每个队员的忠诚和尊敬。

他曾说："我是天生激情派。我认为，激情对开辟企业是一种非常重要的素质，不仅仅是'我自己有激情，我的管理是让我周围的人都有激情'。激情不是瞬间的一个状态，而是一种文化。"而他传递激情的一个秘诀，就是"每个员工都是我的客户。我们管理层为员工提供一流的服务，员工为客户提供一流的服务，这就是整体的管理理念所在。"

鲍尔默可以使一些讨厌计算机的人集中精力去编程序代码，只要鲍尔默走进一个部门，这个部门的气氛就会升温，全体员工便像吃了兴奋剂似的，拼命为公司工作。鲍尔默的这种极具感染力的激情，让他极富个人魅力，这种魅力又增加了他的亲和力和感召力，他能鼓舞普通员工无怨无悔从早晨干到深夜。虽然他不精通软件技术，但却能用他的激情感染员工，率领员工开拓市场。

曾经有一个在微软做过 6 年的产品推销经理说："鲍尔默充满激情，富于感染力。除非是死人，否则只要与他在一起，就不可能不被他感染。"

鲍尔默经常在会上手舞足蹈，声情并茂，他的眼睛和光头放射着光芒。无论是在公共场合发言，还是平时的会谈，或者给员工讲话，鲍尔默总是习惯用一只攥紧的拳头不停地击打另一只，并总以一种高昂的语调爆破出来，如他在一次大会上就曾连声高喊 Windows! Windows!! Windows!!! 非常具有震撼力。甚至在 1991 年的一次会议上，因为叫喊得太猛，喊坏了嗓子，最后不得不上医院动手术。

在微软一次关于 Net 计划的会议上，被汗水浸透全身的鲍尔默更是以传教士的热情向开发人员高唱 Net 赞歌，其提到的 Net 不少于 20 次。鲍尔默把这次会议进行了网络直播，让更多的员工被他的激情所感染。

鲍尔默在推广微软的 Net 互联网服务技术时，还制作了一段视频剪辑，在网上广为传播。在那段录影中，鲍尔默用他迷人的嗓音，充满激情地在微软大会讲台上反复呼喊着"开发者"多达 14 次以上。

鲍尔默在 1994 年的一次微软公司大会上，用他那无与伦比的大嗓门重复着一个词："市场! 市场!! 市场!!!"停顿了一下，他又说："原因只有一个，如果你占有市场份额，你实际上就使对手们"，说到这里，他用手扼住自己的咽喉，作挣扎状，再接着说："只剩下吸入维持生存的氧气的能力。而我们需维持的就是让对手们奄奄一息。"在微软，没有人拥有比鲍尔默更激情澎湃的煽动能力，没有人比他更能感染员工，他的演讲总像沸腾的岩浆，点燃着员工的工作激情。

微软的员工早已对鲍尔默的激情习以为常，但每一个面对他的员工仍然会热血沸腾。鲍尔默的热情和执着使他成为微软内部的鼓舞者。

凭借他的激情，鲍尔默感染着微软的全体员工，为盖茨撑着一片天，从 16 名员工，壮大到 6 万名。他的"激情"对微软的成功来说是至关重要的，他自己则成了激情演讲者的代名词，形成了一套鲍尔默特色的管理方法。

由此可见，点燃团队的激情，将激情传递到自己的团队中去，并让团队激情变为实干精神，是领导者的必备技能。对于管理者来说，只有将激情传递给你的团队，激情才能转化为团队成员的内在驱动力，并为企业释放出最大的能量。

那么，身为管理者，如何才能点燃团队激情，并持续不断地将激情传递给你的团队呢？你可以从以下几个方面做起：

1. 充满激情的口头鼓动，这是一种最直接、最有成效的方法之一。要明白，一次充满激情的口头鼓动不难，重要的是将它持续不断地坚持下去，并且保证每一次都能把奋进精神引领到员工的内心世界。如果你做到了这一点，那么，就成功了一半。

2. 不断地向员工展示企业发展的愿景。深层次的使命感、理想、精神动力的追求，最能够激发出人的激情来。管理者如果让员工认同企业发展愿景，就能激动人心，将自己的激情传递到团队成员当中去。

3. 合理引导员工的兴趣。要知道，兴趣最能让人产生激情，一个管理者能对企业产生热情和兴趣，那么他就会富有激情。同样地，如果你能让队员对工作充满兴趣，那么员工同样也会富有激情地投入工作。

4. 加大员工的个人发展空间。如果个人在企业中有极好的舞台，有施展的空间，就能让员工充分感受到领导的激情，容易激发起他们的上进心，进而表现为个人的激情。

5. 给予适当的物质利益。当完成某件事可能给员工个人带来物质利益时，领导者也能将激情传递给员工。

总之，激情对团队的成功极为重要，充满激情的管理方式，会给团队注入一种强大的精神力量，让每个队员都能从内在形成一种强大的驱动力，是企业不断前进的强大动力。

让员工守着"梦想板"，不断激发团队"斗志"

《孙子兵法·谋攻篇》曰："上下同欲者胜。"《黄石公三略·上略》说："与众同好靡不成，与众同恶靡不倾。"这些讲的都是上下一心，势必士气旺盛，众志成城，打仗时个人奋力向前，军队就会攻无不克，战无不胜。这种"上下同欲"的原则，同样也适用于激励团队队员。

身为管理者，要让你的团队出现"上下同欲"的局面，一个最为直接且行之有效的方法便是将员工的"目标可视化"。也就是说，管理者要将员工在企业中实现的个人目标转化为他们的梦想，让这个"梦想"去激发他们的斗志，从而从根本上提升整个团队的"战斗力"。

其实，在团队中，每个队员都或多或少有所期望，但是这种期望并没有形成一种驱动力，就如同每个人都希望拥有漂亮的房子却没有设计蓝图一样。因此，成功的管理者就要发掘员工的期望，并将他们的期望变成具体的可实施的目标，并给员工设计"梦想板"，而一旦这个具体的目标或理想生动且鲜明地被体现出来，员工就会在思想上产生一种共鸣，就会毫不犹豫地追随你。形象地说，管理者利用明确而具体的"目标"或"梦想"激励员工，就是充当一个"建筑师"的角色，"建筑师"把自己的想法具体地表现在蓝图上，让"建筑"的形象生动鲜明地体现出来，以此激发员工为之努力工作。

要想成功地运用"可视化目标"激发员工斗志，管理者需要注意的一点就是能够将员工所期待的"未来"涂上鲜艳的色彩，同时，也要对实现目标的过程进行规划。在实施激励的过程中，应该避免只是空谈目标而在日常工作中将其弃之一边的情形发生。若要把团队目标真正地建立起来，也将把崇高远大的理想传达到员工那里，管理者再通过行之有效的沟通，让每个员工都明白自己所做的工作，对于实现团队的宏伟目标极为重要。从而引发员工的责任感和主动意识，进而打造一种时刻充满强大"战斗力"的精英团队。

美国大陆航空公司为了彻底改变昔日因航班误点而每月损失高达 500 万美元的经营窘境，管理者戈登·贝休恩便抛出了"重奖按时着陆"的激励举措，即为"如果每个月的按时率均达到国内同行的前五名，公司将给每位员工加薪 65 美元，以资鼓励"。

正是在这一看得见、摸得着的目标激励下，全体员工才心往一处想、劲往一处使，终于在短短的两个月内，使航班着陆按时率多年来首次达到同行业的第四名。戈登·贝休恩爽快地践行了自己的诺言，拿出 260 万美元给每位员工加薪 65 美元，并发表了热情洋溢的即席演讲——"表面上看，我们为员工加薪花去了 260 万美元，但相对于月均耗费 500 万美元来说，我们却节省了无效开支 240 万美元。也就是说，我们通过花钱来省钱，最终达到了获利的目的。在此，我再次重申一下我们的'目标激励原则'：达到目标者，可'品尝'奖励；未达到目标者，必'吞咽'罚款。只有这样奖罚严明，才能使勤奋者更勤奋，使懒惰者变勤奋。"

戈登·贝休恩运用这一看得见、摸得着的目标，激发了员工的工作热情，最终实现了整个团队的目标，可谓充满了管理的智慧。

身为管理者，给员工设计可视化"梦想"或"目标"时，应该注意以下几点：

1. 管理者该是一个有魅力的人。

一个缺乏魅力的管理者，因为总是担心目标不能实现，所以也很难展示出令员工心动的愿景来。下属对这样的管理者，不会抱有什么信心。工作场所像片沙漠，大家哪有高昂的斗志，如此情况下，就算是微不足道的目标也难以实现。

2. 保证"梦想"或"目标"要有明确和具体的实施步骤。

如果仅有伟大的愿景，没有具体和明确地规划出实施过程，也会让大家失去信心。所以，规划愿景的同时，还必须要规划出实施愿景的过程。这是一个必需的过程。

3. 团队成员的目标要接近现实。

也就是说，给每个员工制定目标时，目标不要太大，不切实际，要有通过努力有实现的极大可能性，如此才能激发起员工的兴趣。同时，目标也不能太小，让员工觉得没有意义。

总之，管理者通过塑造一个可视化目标，是引发团队成员工作积极性和工作动力的最直接且行之有效的方法之一，也是激发团队强大"战斗力"的一个有效方法。

"追随力"就是要让员工觉得跟着你有"奔头"

身为管理者，面对团队中频频流失或跳槽的队员，除了薪资、工作环境以及员工个人原因等外界因素外，与你自己也是脱不了干系的。可身为领导，如何才能通过提升自我"追随力"来减少员工的流失？

身为领导，是有着诸多追随者的人。有魅力的人才有追随者，有追随者的人才能成为杰出的将帅。一个有人格魅力的将帅，能够在权力运用时，让自己产生亲和力、凝聚力和感召力，使下属心甘情愿地努力奋斗，为实现既定目标而兢兢业业，如此才能打造出一支"挖不走"的精英团队。

领导魅力和一般人际交往中所体现的个人魅力有所不同，因为这种魅力或吸引力是由管理者发出的。通过这种魅力，管理者把大家吸引到自己的战略与计划、理想与目标中来。而人们之所以能全力奉献，并不因为他是管理者，而是因为他勾画的这一理想本身具有吸引力。单凭人际关系，或者单凭管理者本身的权力和地位，是不能做到这一点的。

魅力，是现在人们评价一个人是否值得欣赏和喜欢常用的词。通俗且形象地说，魅力就是一种美。这种美涵盖内外两个方面，外在来看，衣着打扮、言行举止可给人一种外在的美感；内在则是个性品质优良，让人情不自禁地希望与之靠近。如果一个人只是外表光鲜亮丽，那么就好比纸糊的灯笼，经看不经用，仅能光耀一时，但难以持久。

所以，要想成为一个有魅力的将帅型人才，既要考虑外在美，更要注重内在美。而实际上，魅力从其本质上讲，就是一种有内涵的美丽。如果说外在美就像一朵花，需要认真地看，那么，内在美就会像一杯茶，需要仔细地品才行。

身为领导，是有着诸多追随者的人，所谓领导力也就是指获得追随者的能力。简言之，就是有魅力的人才有追随者，有追随者的人才能成为杰出的将帅。

作为迪士尼公司的创建者，沃尔特·迪士尼无疑是杰出的，他是迪士尼的精神领袖。

沃尔特是一个有着非凡想象力的人，也是个敢于承担风险的人，而且他更有能力让自己的下属最大限度地挖掘他们的潜力。

同时，沃尔特还是一个毫无老板架子、十分平易近人的人。他告诉员工们，不必称呼自己老板，直接叫他"沃尔特"就行。对于员工的工作时间，他也不会硬性规定，允许他们灵活掌握，并且会尽己所能地为员工提供好的设备和材料，为他们营造一个获得支持和鼓励，但又毫不松懈的创作环境。

在管理过程中，沃尔特显现了天才团队中管理者的一项特质：他不会在下属们正解决困难和问题的时候进去参与，而是当他们已经解决了大部分问题时才介入，来肯定他们的工作，或者给他们提出要求，让他们把工作做得完美。

无疑，沃尔特的做法是明智的，他用这种"松紧"适度的管理方式，让下属们产生了自主感，于是他们的潜力也得以最充分地发挥。

在一本关于迪士尼公司的小传中，有位动画家这样提到：你可以忙碌一整天，当工作结束，你审视自己的成果时，结果把它们扔到了垃圾桶。你不会有一丝遗憾和不安，也不会有人来责怪你工作没成效。如果没有如此反复和不断否定自己的工作过程，反而会有人奇怪。迪士尼所创造出来的艺术形象，都是在这种反复和否定中产生的。

从最后这段话中，我们就可以读出迪士尼发展壮大、深受人们喜爱的一人因素，那就是管理者给员工们创造了有利于他们创作的良好环境。而这种环境的创设均是建立在沃尔特强大的个人魅力基础之上的。换句话说，正是由于沃尔特超强的人格魅力，才使迪士尼创造出了一个个非凡的艺术形象，让它得到了全世界人们的接受和喜爱。

或许你会觉得，人格魅力这个东西有点"玄乎"，不像一件物品那样看得到、摸得着，想让自己成为一个有人格魅力的管理者有点无从下手。

别急，我们今天就告诉你方法，让你向一个具备人格魅力的将帅型人才进军：

1. 勾画理想，让团队成员有"奔头"。

一个有魅力的领导，不但应该有运筹帷幄、决胜千里的本领，还应该是团队蓝图的设计师，能为所有员工勾画理想，为团队成员指明未来发展的方向。试想一下，如果员工觉得留在现有团队里不能实现自己的人生理想，前途一片茫然，怎么会有奔头呢？领导者要让员工热血沸腾、忠心追随自己，就必须为全体员工构建理想的蓝本，让每一位员工觉得实现团队理想后便实现了自己的人生价值。

2. 在工作中给予下属必要的帮助和指导。

领导者不能只关心团队的业绩，而忽视下属的成长，团队的工作离不开下属的支持，领导者不重视下属，就不会有忠实的追随者。领导者若能在实际工作中给予下属适当的指导和点播，促成他们的进步和成长，就能获得下属的拥护，同时还能带来团队业绩的提升。

3. 做个心胸宽广、令人钦佩的领导。

心胸宽广的领导能包容员工的错误和缺点，同时善于发现员工的潜能和优点，非常关心员工的发展前途，他们乐于栽培有能力的员工，并给予其充分的成长空间，跟着这样的领导工作，自然会觉得有奔头。

4. 为人真诚，表里如一。

真诚是人类各项品质中最为大众所喜爱和重视的宝贵品质，一个有人格魅力的领导一定是真诚的，他们能够做到言行一致、表里如一，处事不虚伪，从不运用任何卑劣的手段，员工听此类领导的教诲会有一种如沐春风之感，也会以成为他的部属为荣，因为崇拜和喜爱自己的领导，自然不愿意离弃团队，所以从某种程度上说，团队的稳定性和领导的魅力指数是正相关的关系。

管事要管人，管人要管心

很多领导者对员工的评价是：不好管理，缺乏吃苦耐劳的品质，偷懒耍滑，没有责任意识和敬业精神，好高骛远，忠诚度低，留不住。而员工对领导者的普遍评价则是：太过刻薄，无论什么事情都要求按照他的标准和方法去做，没有容人之度，听不进员工的建议，不懂管理之道，总用强权来干涉员工的工作。双方都在发牢骚，员工满腹怨气，领导焦头烂额，造成这种局面的原因是什么呢？其实是人心出了问题。

员工工作懈怠在很大程度上是由于对公司和领导者不满引起的，想要消除员工工作态度不端正的弊病必须从"治心"开始。人心是变化多端、难以揣测的，谁若能成功掌控人心和引导人心，谁就能成为出类拔萃的领导者，打造出一支坚不可摧的高效团队。近年来，人心管理越来越受到广大企业家的重视，正所谓"得民心者得天下"，领导者若能使自己的话语深入人心，管理则会变得容易很多。

管理的本质就是"管心"，任何工作都是由人来完成的，领导者只有走进员工的内心世界，深入地理解他们和了解他们，才能引发其奋力工作的动机，让员工每天用心工作。想要赢得人心，就应该以心换心，将心比心，人心不是用来利用的，而是用来疏导的，领导者只有懂得收揽人心，才能消除上下级之间的隔阂和芥蒂，成功建设和谐高效的团队。

有这样一家企业，部门主管每次热血激昂地宣布团队未来目标时，员工脸上都写满了不懈，一副这和我无关的表情。由于人心不齐，部门主管承担了很多工作，每天都要熬至深夜，好像永远都有做不完的事情，因为员工工作不认真，他对每项工作的每个环节都要严格把关，事事都要操心，常常感到精疲力竭。而他的部下和员工们却经常上网聊天，不把公司的任务放在眼里，为了整治不良风气，他安排了相关人员时刻检查员工的工作状况，一旦发现员工在做与工作无关的事情就严惩不贷。员工时时处于监控之下，觉得自己俨然成了犯人，心情更加糟糕，工作状态更差了。

部门主管常常向朋友大倒苦水，说自己部门的员工如何素质差、如何懒惰，而员工对他也非常不满意，常常在私下里说，主管总是铁青着脸，一副苦大仇深的样子，总把个人情绪带到工作中，遇到问题就怒不可遏，为人又非常苛刻，不懂得尊重别人，在这样的主管手下工作真是活受罪，谁又愿意心甘情愿地为他效力呢？就算部门业绩上去了，他的工资水涨船高，员工也得不到太大实惠，无非就多赚了两百块钱，拼死拼活地受累也得不到什么好处，还得看他的脸色，又有什么意思呢？公司的小王像黄牛一样踏踏实实地工作，主管还不是喜欢鸡蛋里挑骨头，考核分数打得很低，在他手下工作永远都没有出头之日，能找到更好的发展平台最好跳槽，找不到更好的工作就继续留在这家公司混日子。

常言道："人心齐，泰山移。"而人心不齐不要说去移动泰山了，即便是一块稍重一点的石头也移不动。领导者再强悍，也不过是一人之力，自己不可能包揽所有的工作，如果不能让员工在自己的带领下密切协作，企业的任务目标是不可能完成的。领导者是团队中的将帅，主帅虽勇，战斗开始，士兵都无心恋战，没过多久就作鸟兽散，这样的战役还怎么打下去呢？

人心散则团队散，和谐高效的团队在于心与心的结合，领导者只有拆掉横亘在心与心之间的那堵墙，才能凝聚出一支高效无敌的"同心圆"团队。但凡成功睿智的领导者都十分懂得洞察人心，他们能洞察员工的内心世界，无须让企业投入太大的成本就能让员工全心全意地为公司卖力工作。我们常看到领导和员工互相指责和抱怨，他们所在的立场不同，心与心之间缺乏交流，当然也不可能迸射出情感的火花，领导者想要成功驾驭员工，必须先从"治心"开始，那么具体应该从哪些方面入手呢？

1. 要任人唯贤，不能任人唯亲。

任人唯亲会让有能力者看不到希望，因为即使自己再努力工作，业务水平再强，也不可能得到重用，结果这类人不是愤而辞职就是待在团队里浑浑噩噩地混日子，给整个团队带来消极影响。普通员工如果认为领导在选人、用人方面很不公平，心里也会感到不平和愤怒，对领导的不满极有可能转化成对工作的懈怠。因此，领导者在用人时一定要知人善任，任人唯贤，绝不能让员工失望。

2. 满足员工合理要求，不要期望他们个个都是活雷锋。

员工付出劳动自然希望得到合理的回报，毕竟工作是他们谋生的工具，也是他们供养家庭的手段，他们的需求理应受到重视，不要要求员工充当不讲任何条件一心只为企业奉献的活雷锋，要知道如果他们连基本需求都得不到满足的话，便会无心工作，这并不是因为他们思想觉悟不高，而是因为人不能仅凭一腔热血生存，还需要靠现实的面包供养。

3. 要给予员工表现自己的机会，不要总是独揽风头。

有的领导者有强烈的控制欲和表现欲，总喜欢扮演一枝独秀的角色，结果自己大放异彩，整个团队却黯然失色，员工热情尽失，工作积极性当然不高。每个人都有证明自己和表现自己的欲望，领导者应该满足员工渴望施展才华的欲望，给予他们表现自己的机会，让其活出自己的精彩，实现自身的人生理想，只有这样才能让他们将自己的最高水平发挥出来。

4. 要包容下属的弱点，不能对他们求全责备。

员工不可能把工作做到百分之百完美，领导者不能因为他们在工作中出现一点瑕疵就不依不饶、大加指责，而应该肯定他们的可取之处，同时客观地指出工作中的不足之处，并提出改进工作的方法。领导者在评价员工工作时，一定要做到对事不对人，要点明员工工作中存在的问题，但不能对其进行人身攻击，对员工多一点宽容和指导，少一点责难，如此才能赢得员工的心。

5. 和团队成员共享功劳和利益，不要自己独揽功劳。

不要让员工认为团队业绩上升，只有自己能得到最大的实惠，而要在自己名利双收时肯定每位员工的劳动价值，让全体员工觉得功劳是大家的，而不是自己的，在精神上要和员工共同分享胜利成果，在物质上也要和员工共享利益，只有这样才能凝聚人心，让所有员工死心塌地地跟随自己。

第六章

凝聚团队人心：

减少"内耗"，就是在创造效益

在管理行为中，精神力量是一种极低成本的管理。身为管理者，除了要懂得运用精神力量激发员工的内在工作积极性，更要懂得凝聚团队人心，减少企业的"内耗"，这也就是在提升效益。管理者要知道的是，很多团队成员内部矛盾重重，员工负面情绪诸多，很多时候都是因为"过度管理"造成的，所以，身为管理者要懂得运用极简管理法，最大限度地减少这种"内耗"，这也是在创造效益。

激活团队的精神"灵魂"

一个团队，如果人心浮动，大多数人都自私自利、各行其是，这种缺乏生机与活力的团队是难以出成效的。对于管理者而言，一个团队如果内部充斥着消极因素，多数是因为"过度管理"行为造成的。试想，身为管理者，除了用各种严厉的制度来约束员工外，总是摆出一脸的冷漠，团队哪来的生机与活力呢？这样的团队又怎么可能创造辉煌的业绩？在一个缺乏凝聚力的环境中工作，员工就算志向再远大，能力再出众，发展也会受限，员工的能力得不到最好的发挥，整个团队便会变得死气沉沉，面对这种情况，领导者该从何处着手解决呢？

团队最为重要的东西就是精神，因为它是整个团队的"灵魂"，领导者只有激活团队的精神"灵魂"，才能让团队迸发出最大的能量，团队的凝聚力才能达到最强的状态，使每个员工的才能在分工协作中得到最大程度的发挥。

不同团队的核心精神可能各不相同，但是无论团队具有哪种正向的精神支柱，都能产出巨大的效能；在《士兵突击》中，钢七连的团队精神就是"不抛弃、不放弃"，它成为许三多的座右铭，也是整个连队的核心精神。在现代企业的管理中，领导者绝不能忽略对团队精神的塑造，因为它是提升团队核心竞争力的基础。

团队是由个体组成的，但是个体之间并不是孤立的，而是相互联系的，团队精神就是促成团队成员相互连接，激发组织发挥最大效力的隐形力量，它虽然不可见，但是能量却无比巨大。塑造团队的精神灵魂，领导者是最为关键的一环。领导者在塑造团队精神的过程中，必须认清其中的阻碍，而后突破阻力扫清所有障碍，为整个团队注入"灵魂"。

这里需要特别指出的是，在许多家族企业中，产权和管理权集中在家族成员手中，会让广大员工明显感到自己是"外人"，能力再强都比不上"内部人士"，即家族成员，工作劲头大为下降，严重阻碍团队精神的建设，领导者要塑造出强有力的团队精神，就要尝试着将企业的产权和管理权适度地向非家族成员扩散，给员工派发企业内部股，促使他们打破藩篱，成为"自己人"，将个人利益和企业的兴衰紧密联系在一起，为团队精神的塑造奠定基础。

美国著名霍尼韦尔国际公司，营业额高达 380 亿美元，它从事的是高新技术产业，在发展壮大的过程中尤为重视团队精神的塑造。每年，公司内部的非家族成员都可以根据自己的意愿用自己 15％以下的薪酬购买公司内部的股票，当然，员工也可以在股市上公开地购买公司的股票，可以免付佣金。这项制度成功激发了员工的工作积极性，持有股票的员工顿时有了主人翁责任感，不再是以打工者的身份工作，而是以企业主的身份更加积极地投身于工作当中，内部员工和家族成员消除了隔阂，大家齐心协力地为企业共谋发展，团队精神因此得以塑造成功。

霍尼韦尔国际公司通过分散股权的方式，让非家族成员共享公司利益，因此打造出了具有强大凝聚力的团队。要塑造好团队精神，除了处理好企业产权和管理权的问题，还要强化公司内部的激励机制，让员工把企业看成与自己休戚相关的共同命运体，从而使团队中的每位员工都能把自己的个人能力转化成团队协作中的一部分，共同推动企业进步。

维拉德·马里奥特于 1927 年创建了第一家 A&W 啤酒店，而今他的商业帝国已经拓展到了全球，他至今沿用着"发现、雇佣、培育、善待如同家人"的用人哲学。当美国经济出现衰退，酒店业受到波及，营业额大幅度减少时，时任的小马里奥特不但没有像其他企业家那样大面积地裁员和减少员工福利，反而制定了不少激励措施。他努力把北美地区的裁员率控制在 1％，还减少了员工的工作时间，员工依旧享受医疗健康福利，在这些激励措施的带动下，员工们士气高涨，一起拼命努力工作，终于使发展处于下滑期的企业成功渡过了难关。

企业的发展离不开团队精神，缺乏团队精神的企业就会失去竞争力和活力，绩效只会持续走低，领导者塑造强有力的团队精神的关键步骤是，在员工和企业之间构建起同呼吸、共命运的连接关系，只有这样全体员工才能在同一种精神的指引下形成一股超强的合力，共同推动企业走向繁荣。那么除了以上两种举措以外，领导者还有哪些激活团队精神的高招呢？

1. 增强员工团结共事的协作力。

团结共事的协作力是团队精神的根基，没有它，团队精神就难以建立起来。我们都知道一群散兵打不了胜仗，组织成员之间只有团结起来，全都心往一处想、劲往一处使，才能形成一股不可抗拒的力量。蚂蚁虽小，团结起来就能搬动巨蟒，个人能力虽然微小，但是能形成一个团结协作的整体，就能克服世间的任何困难，做到无往而不胜。因此，领导者一定要经常强化员工团结共事的观念，大力推进协作力建设。

2. 要根据时代发展的需要，不断赋予团队灵魂新的内涵。

团队灵魂反映了一个企业所坚守的信念以及弘扬的企业文化，核心内容是不能丢弃的，但是这并不意味着团队灵魂永远是一成不变的。随着时代的演进与发展，企业团队灵魂的内涵也应该有新的拓展，领导者不能让自己的思想观念落伍，而应站在时代前沿去塑造和培养企业的团队灵魂，为企业打造出一支高素质的团队，使所有员工都能在分工协作的过程中充分施展自己的技能，促进团队工作的进展，同时顺应时代潮流增强自身的适应力，进而提升企业的核心竞争力。

3. 从心理学角度来塑造团队灵魂。

从心理学角度来看，积极的精神可以促成积极的行为，而消极的精神则会使人变得颓丧，因此领导者在塑造团队灵魂时一定要打造出能获得全体员工正面认同的积极精神，以此在员工之间播撒和传递正能量，使其在认同团队精神时增强对企业的认同感，同时进一步提升工作热情，在共同协作中促成高绩效目标的实现。

凝聚人心的力量：信任

管理学应该遵循的用人哲学是：用人不疑，疑人不用，但是许多领导者对手下员工缺乏最基本的信任，要么包揽公司大小事务，每天忙得不可开交，要么假意放权，实则经常对员工的工作进行监视和干涉，如此往往形成这样一个局面：领导自己心累，员工被束手束脚，才干难以得到施展。

很多公司都存在这样的问题，通用电气公司前 CEO 上任时，这个庞大的组织几乎完全在高管的操控之下，韦尔奇认为："领导管得少，才能管得好。"之后他大力推广信任员工和充分授权的管理理念，最终使僵化的企业焕发出蓬勃的生机和活力。每个人都渴望被重视、被信任，领导者敢不敢大胆放手，给员工一个施展才能的机会，是影响员工忠诚度和团队凝聚力的关键因素，当代著名的系统论社会法学家卢曼说："信任是为了简化人与人之间的合作关系。"信任在一个组织中如同强力黏合剂，公司中的大部分工作都是人与人之间通过合作的方式共同完成的，信任是沟通人心的桥梁，是凝聚人心的一股力量。给予核心员工充分的信任和必要的决策权是驱策他们共同为企业效力的最好途径。

在诺曼底战役中，盟军总司令艾森豪威尔让一位军官出任第三集团的师长，第三集团司令巴顿认为这位军官没有军事才能，反对他担任师长一职，但是艾森豪威尔却坚持对那名军官委以重任。

没过多久，巴顿的想法就被证实了，那名军官果然能力有限，致使盟军吃了败仗。艾森豪威尔这才相信了巴顿的判断，立即命令那名失职的军官引咎辞职。巴顿却表示反对，这让所有人都感到困惑不解。

最先反对这位军官出任重职的人就是巴顿，而当军官暴露了自己的无能，巴顿却想让他留在军队，艾森豪威尔也无法理解巴顿的做法，对此巴顿解释说："虽然他表现很差，但那时他是你们多余的军官，而今他是我的属下，我会充分信任他，并努力让他成长为一名合格的将军。"此语一出，在场的所有人都非常感动，那名军官对巴顿尤为感激，为了不辜负巴顿的期望，他从此奋发向上，努力训练自己，终于成了一名合格的将军。

巴顿将军之所以广受将士们的爱戴，就是因为他信任和爱护下属，并把他们培养成了可用之才，所以将士们愿意围绕在他身边，听从他的号令，可见懂得信任和放手用人对提升团队凝聚力是大有益处的。其实很多领导者并非不晓得授权的好处，但是他们或是质疑下属的能力或是怀疑下属的品质，总想自己插手重大事务，员工由于不被信赖，积极性和主动性受到抑制，往往变得碌碌无为。

核心员工大多比较自主，渴望证明自身的价值，他们不想永远被遥控指挥，被动地接受上级的命令，在业务方面他们比领导者更为专业，领导者应消除疑虑，给予他们证明自己能力的机会，赋予他们充分施展才智的空间和权力。

民族资本家范旭东创立永利碱厂后，聘用侯德榜出任企业的总工程师。侯德榜非常敬业，每天夜以继日地拼命苦干，但是四年之后，研制的纯碱仍然比不上洋碱，在竞争中完全处于下风，永利碱厂面临破产的风险。

股东们纷纷要求辞掉侯德榜，聘请外国人担任总工程师，但是范旭东却坚持力挺侯德榜，他在董事会上充分肯定了侯德榜四年来付出的努力，并希望董事们信任和支持侯德榜的工作，要求大家不要挫伤侯德榜的信心和锐气。侯德榜在得知这件事后，感动得热泪盈眶，他非常诚恳地说："范先生对我至诚相待，令我终生难忘，今日愿意一意死拼来回报范先生。"为了回报范旭东对自己的信任和支持，侯德榜工作起来更加努力，最后终于研制出了品质优良的纯碱，使永利碱厂在国际展览会上拔得头筹，永利碱厂不仅顺利渡过了危机，而且获得了很大的声誉。

员工是需要成长的，在担当大任之前或上任不久难免出现不适应的状况，他们就好比璞玉，需要经历打磨才能成为光彩照人的珍宝，领导者要信任他们、培养他们，使其成为真正的人才。信任员工，不但可以在精神上激励他们，使其迸发出无穷的力量，而且还可以令他们成为自己的得力助手，分担部分工作，促进企业的良性发展。但是在现代企业管理之中，信任危机仍然是普遍存在的，它不仅造成员工的流失，还大大阻碍了企业的健康发展，那么作为领导者，该如何化解信任危机呢？

1. 合理授权，改变事必躬亲的工作状态。

事必躬亲并不是正确的工作方法，领导者的主要工作应该是管理，而非执行，再强悍的领导时间和精力都是有限的，包揽所有工作的结果就是效率低下，而且还阻碍了员工的晋升和成长。为此，领导者必须尝试信任下属，赋予他们适当的权力和发展空间，做到疑人不用、用人不疑。

2. 要信赖得力下属，敢于承担自己的责任。

出现问题时，有的领导者理所当然地把责任推到下属身上，认为一切都是因为刚被提拔的下属不称职造成的，其实有时原因未必在下属身上，很可能问题出在自己身上，可是领导者由于不愿意承认自己能力上的局限和判断上的失误，很容易把刚刚上任的下属当成替罪羔羊，这样做会让下属失去安全感，从此不再信任企业。因此，作为一名合格的领导者必须正确地认识自己工作中的失误，并勇敢地承担个人责任，与下属形成互信关系，与其在各自的工作岗位上共同推进企业的发展。

3. 对员工的失误要给予一定的宽容，为企业创建信任的氛围。

美国的 3M 公司有一条十分著名的格言是：为了发现王子，你必须与无数个青蛙接吻。这句话的意思是在成功之前人要经历无数的失败，但失败并不意味着结束，而是意味着新的开始。对于刚刚提拔的员工，领导者应该给予他们适应新岗位的时间，宽容他们在初期工作中出现的失误，在企业内部创建信任的氛围，鼓励其他员工支持和信任自己的部下，帮助他们更快地适应和成长。

别让精英单打独斗，全力整合人才资源

在全球经济一体化的当代社会，很多工作都需要许多人分工协作才能完成，单打独斗式的工作模式早已被团队合作所取代，越来

越多的人认识到了团队精神的重要性。然而在实际工作中，想要让团队成员毫无间隙地通力合作并不是一件容易的事，每个人的个性、想法和追求都不一样，优秀人才更是特立独行，缺乏合作意识，那么作为领导者该如何使员工们忽略彼此的差异，同心协力地朝着一个共同的目标奋斗呢？

30多年前，沃尔沃、丰田等知名公司把团队合作精神引入了公司的生产运营当中，而团队管理思想才刚刚引起我国企业家的关注。曾有一名外国人毫不客气地说："做同一件事，中国人的情况是一个人是条龙，两个人是条虫。"意思是中国人是独行侠，根本不具备团队合作精神。令人庆幸的是，我国已有不少公司的管理者把团队精神成功注入了企业之中，并依靠团队的力量取得了可喜的成绩。

大部分领导人可能会有这样一种体会，平凡的员工大多没有棱角，也较为乐于与同事展开合作，但是优秀的人才却常常自恃过高，在心底里有些瞧不起别人，不愿意和同事合作，缺乏分享精神，结果就会造成一加一小于二的局面，即团队里如果有一个人才他便会大放异彩，有两个人才则变得星辉暗淡，有多名人才生产力反而降低，这样的局面对于整个团队的健康发展是极其有害的。

苹果公司堪称业界的翘楚，其出产的手机和平板电脑等产品凭借简约的外观、新颖的设计和独到的时尚元素等优势至今备受消费者青睐。这样一家影响力巨大的创新型高科技公司，当然人才济济，曾有人说，苹果公司网罗了全球80％的电脑精英。然而就是这样一家技术过硬、实力超强的公司在激烈的市场竞争中，却败给了技术水平逊色于自己的微软公司，这是为什么呢？

乔布斯在公司失利后深刻地反省了苹果公司存在的问题，他认为根本原因在于苹果公司里的高级技术人才个个都很骄傲，把自己看成首屈一指的旷世奇才，看不起同事，也不屑于与他们合作和分享资源，每个人都把自己当成独一无二的人才，长期各自为战，几乎所有人才皆是独立的个体，团队只是一个松散的组织，合作是不存在的，结果就输给了懂得抱团合作的竞争对手。

乔布斯本人也曾经极为骄傲，不喜欢和别人合作，但是自从在市场竞争中受到教训以后，他完全改变了以往的工作态度，不但自己愿意主动融入团队，还充当了黏合剂的角色，引导技术性人才密切合作，把优秀人才的力量黏合起来，形成一种巨大的合力。后来苹果公司团队凝合力得到了增强，发展蒸蒸日上，技术更为精良，开发出的新产品竞争力更强，很多上市的新产品都受到了广大消费者群体的热捧，苹果品牌的产品几乎成为个性、时尚和潮流的代名词。

团结的队伍才有战斗力，人才是团队不可或缺的资源，领导者只有懂得如何整合人才资源才能打造出一支打不垮、冲不散的高绩效团队。如果把团队比作一座高层建筑，优秀人才就是构筑这栋宏伟建筑的砖瓦，而领导者扮演的则是黏合剂的角色，其主要职责就是把每个性格迥异、需求不同的人才聚合起来，只有这样整个团队才能具备稳固和持久的优势，在商业竞争的激流中屹立不倒。那么团队领导者应该如何引导人才进行团队合作呢？以下几点建议可供参考：

1. 要让人才意识到个人成功和团队成功并不矛盾。

人才往往更加看重个人理想和价值的实现，希望自己能脱颖而出放出夺目的光芒，会觉得自己的成功和团队的成功关系不大，甚至认为个人成功和团队成功是相矛盾的，因为如果团队中人人都很出彩，功劳是大家的，他便无法显示出自己的优势。团队领导者如果想把抱有此种想法的人才聚合起来，必须像揉面团一样打造队伍，把各自的利益、追求、情感等因素全部揉进去，让个体能从团队的成功中受益，并产生强烈的自我成就感。领导者要做到的是把个人的成功和团队的成功统一起来，而不是高喊着"存天理、灭人欲"的口号，要求团队成员个个成为大公无私的楷模，在整合思想的同时，注意对不同利益的整合，往往比任何苦口婆心的说教都奏效。

2. 要善于当"和事佬"，化解团队内部纷争，促进人才之间的沟通与协作。

人才通常具有很强的个性，因为棱角分明，互相之间难免出现各种摩擦，又由于心高气傲，缺乏容忍之心，发生矛盾很容易演变成剑拔弩张的态势，水火不容的人才会造成团队的内耗，领导者如果不能及时制止他们内斗，很多工作都难以顺利开展。在团队内部出现由人才引发的纷争之后，领导者要善于扮演"和事佬"的角色，加强和人才的交流，使其消除彼此的敌意，化干戈为玉帛，在工作中继续开展合作。

当然，黏合剂的角色并不是那么好当的，和骄傲的人才打交道要比和普通员工打交道难得多，人才发生争执后，领导者找双方开诚布公地谈心，从而了解纷争产生的原因，沟通时不要指责任何人，而要旁敲侧击地指出双方的欠妥之处，引导他们换位思考，最后消除彼此的芥蒂，促成双方握手言和。

3. 引导人才加强内部交流，为其建设畅通的信息渠道。

有的团队里尽管有很多优秀的员工，但是整体效益却十分不理想。主要原因在于他们在执行工作的过程中缺乏有效的交流和协调，每个人都在孤军奋战，虽然大家都很辛苦，但是工作成果却差强人意，团队的整体士气也会因此受到影响。许多人才虽然技术高超，但是不喜欢主动和同事交流，这时领导者就应该为其搭建信息互享的平台，为人才构建畅通的信息渠道，促进他们的对话与沟通，改变他们过去各自闭门造车的不利局面。

领导在安排日常工作流程时，可适度增加开会研讨的次数，召集人才集思广益，发表自己的看法，分享有价值的信息，促成人才更多地参与交流，使他们在日后的工作中配合得更为紧密和协调，从而实现工作环节上的无缝对接。

严密的组织可以发挥出巨大的力量

对于团队而言，个人工作成果不会比团队的整体业绩重要。有些团队的领导者会发现这样一个问题：团队内部有好几名出色的员工，业绩非常好，然而团队的整体业绩却一直非常差，在这种情况下，领导者当然不会为手下有几名明星员工而倍感欢欣，而会为了团队糟糕的业绩感到颇为惆怅。为什么员工个人能力很强，团队的整体业绩却上不去呢？原因在于团队组织缺乏严密性。

一个团队就如同一部高效运转的精密机械，如果各个零部件之间结合得不够紧密，那么这部机器是不可能正常运作的。在团队中，员工的能力有强有弱，这就好比零部件有大有小，但是只要把他们安排在合适的位置上，使其形成一个紧密的整体，促成天衣无缝的合作，这个团队就会无往不胜。

在动物世界中，很少有像狼这样遵从团队组织的。狼和其他群居动物一样，是以家庭为基本生活单位，但作战时却一直是以团队体系出征。在打猎的过程中，狼有严密的组织，将团队协作的精神发挥得淋漓尽致。在《狼图腾》中，作者讲述了群狼越过高墙，吃掉羊群的故事。"天外飞狼"就像一个不真实的传说，然而却真的在内蒙古草原上上演了。后来经过侦破，人们得出的结论是狼用自己的身体搭建天梯，帮助同伴飞进羊圈，羊圈里的狼大快朵颐之后就会替换外面没有进食的狼，通过轮流替换，所有的狼都吃饱了。

狼团队在出征捕猎时非常强调团结合作，和其他凶猛的动物相比，它们并没有什么明显的个体优势，然而却是组织最严密的团队。狼王在发出号令之前，群狼即使面对诱人的猎物，忍受着饥饿，也会全部隐蔽在草丛里纹丝不动。直到猎物吃饱了，已经饱到跑不动的时候，狼王才会下令出击，这时所有的狼各就其位、各司其职，彼此默契配合，队伍严整有序，对猎物展开三面包围，而出口则是通向死亡之路。狼群会故意放过战斗力强突围出去的猎物，然后把剩余猎物重重包围，一举全歼。

狼单打独斗不敌虎、狮、豹，但是群狼作战却可以击败所有的狼豺虎豹，内蒙古草原上所有凶残的猛兽都被狼赶出了草原，几乎任何动物听到狼嚎都会感到战栗，这是为什么呢？因为狼是一个组织严密的完美团队，这一点是很值得领导者学习的，如果领导者能把团队中的所有成员严密地组织起来，就能把团队的力量发挥到极致。

每只狼在团队中都有自己的位置，狼王是首领，负责策划行动和发号施令，团队中有负责冲锋陷阵的先锋，有负责查看情况的探子，有誓死追随将领作战的士兵，集体作战时狼群训练有素，密切配合，所以打了一个又一个大胜仗，成了草原霸主。在企业的团队中，每个人都有自己的岗位和明确的任务，但是未必能像狼团队似的配合得那么完美，这便是有优秀的个人的团队却一点也不优秀的根本原因。那么作为团队的领导者，在组建团队的过程中，该如何保证组织的严密性呢？

1. 团队要有严明的组织系统。

组织系统严明才能促使团队成员步调一致，密切配合同伴的工作。在团队内部，职位是有严格的等级的，下级员工必须服从上级领导，来确保行动的统一性。一个好的团队，必然拥有强大的执行力，下级员工能步伐一致地执行上级的指令，组成一个相互协作的整体，形成一股巨大的合力，推进工作的有序进行。

2. 明确目标，细化分工。

每个团队的领导者都会给团队提出任务和目标，但是不是所有的目标都清晰明确，有时目标模糊或者不切合实际，就会大大削弱团队的凝聚力和执行力。团队目标明确具体，员工才能有步骤、有计划地完成任务，否则工作就会混乱不堪。明确的团队目标一旦确立，领导者就应立即细化分工，让每位员工了解自己的工作任务，并检查和监督任务完成的情况，促成团队目标的实现。

3. 在团队内部建立畅通的沟通渠道。

团队内部只有实现了有效畅通的沟通，才能保证行动的一致性，上下级之间以及同级之间在工作中必须保持畅通的信息交流，组织内部信息传达畅通无阻，才能使不同层级的员工朝着统一的方向前进。

4. 按照员工的特长为他们安排职位，做到人岗匹配。

要想让员工更好地在团队中发挥效用，就应按照他们的特长为其安排合理的岗位，使每个人最大限度地发挥自己的能力，游刃有余地配合其他员工的工作，从而使团队发挥最大的力量。领导者如果能把合适的人安排在合适的位置上，就能使企业上下形成一个组织严密的整体，从而从根本上提升企业的业绩。

人各有"长短"，学会扬长避短是关键

俗话说："尺有所短，寸有所长。"一个人无论有多么聪明能干也不可能十全十美，一个人即使满身都是缺点也不可能一无是处。

每个人都有长处和短处。有的领导者总是盯着员工的短处，不善于发现和利用他的长处。有的领导者虽然懂得用人所长，但还是造成了人才流失，这是为什么呢？其中最为关键的原因就是不能容人之短，在欣赏人才的长处时，总对这块微瑕的白璧感到不满，出现一点问题就弃用人才，这样做当然是十分不明智的。

领导者用人应学会扬长避短，让人才最大限度地发挥自己的优势，避开自己的弱势和短处。其中"扬长"是最为关键的一步。曾有一位人力资源专家说过："虽然扬长与避短是用人过程中对立统一的两个方面，但扬长是起决定性作用的主导方面。因为人的长处决定着一个人的价值，能够支配构成人的价值的其他因素。扬长不仅可以避短、抑短、补短，而且更重要的是，通过扬长能够强化人的才干和能力，使人的才干和能力朝着所需要的方向不断地成长和发展。"确实如此，用人就要使他一展所长，让他的优势得到最大程度的发挥，短处和劣势得到弥补或抑制。

第二次世界大战后，松下幸之助致力于重新创建松下集团的胜利者唱片公司，他想任用一个出色的管理人才来出任公司的经理，人们本以为他会选择一位经验丰富、深谙音乐和唱片的人才，没想到他却任命对音乐和唱片一无所知的野村古三郎当经理。

野村古三郎原为海军上将，在日本战争中出任过特命全权大使一职，很有名气，但是他完全没有商业经验，更不了解唱片业。公司上下纷纷质疑松下幸之助的用人选择，大多数人都觉得野村古三郎没有能力胜任经理一职，野村古三郎也对自己没有信心，他对业务一窍不通，但是面对松下幸之助的盛邀，他只好答应试试，但条件是公司必须为他配备熟悉业务的助手，松下幸之助马上同意了。

野村古三郎当上经理以后，质疑声仍然不断。有一次在董事会上，大家提到了著名音乐作品《云雀》，野村古三郎竟问《云雀》的作者是谁？一个堂堂唱片公司的经理竟对人们耳熟能详的名曲一无所知，此事在公司流传了一段时间后，许多公司高层也开始对野村古三郎感到失望，一致劝松下幸之助辞掉野村古三郎，让更合适的人担任经理。松下幸之助却丝毫不怀疑自己的眼光，坚持重用野村古三郎。

松下幸之助在一片反对声中起用野村古三郎，自然有自己独到的想法，在他看来，野村古三郎心胸开阔、品格高尚，还非常会用人，并擅长经营，唯一的短处就是不懂唱片业，不过公司已经为他配备了业务能力出色的优秀人才，完全可以使野村古三郎避开短处，心无旁骛地专心于经营管理工作。事实证明，松下幸之助的用人策略是正确的，胜利者唱片公司在野村古三郎的精心打理下，企业效益猛增，未来发展形势颇好。

松下幸之助充分利用野村古三郎所长，在"扬长"的同时助其规避短处，为野村古三郎发挥自己的管理才能解除了羁绊，使整个团队在他的带领下为企业创造了良好的效益。领导者若要真正做到用人所长，就必须有容人之短的心胸，总抓住人才的缺点不放，便会阻碍人才能力的正常发挥。世上不存在绝对完美的人，太阳也是有黑子的，唯才是举就要用人所长，容人之短，只有遵循这一原则，才能为企业建立良好的用人机制，促成企业的高效发展。

人事总监崔紫玉在做人事主管时，曾遇到过这样的问题：公司有一名员工性格质朴老实，平时沉默寡言，不爱和同事交流，工作总是做不好。但是他一向循规蹈矩，从不违反公司的规章制度，对工作也很尽心，崔紫玉好几次都想辞退他，但是又非常欣赏他的敬业精神，本想安排他换岗，可是一时找不到合适的岗位。

辞掉他崔紫玉有些于心不忍，但是，如果让他在公司里闲着不做事，公司还得照付工资，有些不合情理，其他员工也会对此产生不满。其他工作大多不适合他，崔紫玉想来想去，也没想到解决的办法，正当她灰心时，公司的库管职位出现了空缺，工作内容主要是看管和盘点货物，公司上下没有人愿意去做这么枯燥乏味的工作，前任库管由于耐不住寂寞，常常离开岗位跑出去找人闲聊。崔紫玉心想那名老实的员工应该是做库管的最佳人选，于是就安排他打理公司的仓库。

那名员工非常适合这个岗位，他每日面对一堆堆货物，从不感到厌烦和寂寞，他不善言谈，这项工作也不需要他说太多话，他为人诚实又忠于职守，把这项工作做得非常出色。崔紫玉非常庆幸当初自己包容了他的短处，否则公司在相当长的时间里都不可能找到像他这么称职的库管。

容忍之短是领导者在选人、用人时应当必备的一个心态，每个员工都有短处，只要不影响大局，没有妨害到公司的根本利益，完全可以使其避开短处，发挥长处为公司服务，领导者如能正确运用扬长避短的用人策略，无论是对企业还是对员工都是大有裨益的。站在团队和企业的立场来看，能促使人力资源得到优化整合，开创人尽其才的局面，迅速提升团队和企业效益；对于员工而言，他们能够在最适合的天地里施展自己的特长，规避自己所不擅长的事，自信心得到增强，能力也得到了提高。那么作为领导者，该如何运用扬长避短的用人法则呢？

1. 利用员工的短处为公司服务，但是要最大限度地减少其危害。

领导者可对公司的员工进行性格测评，不但要让每个人尽情发挥自身的长处，还要利用他们的短处为企业做贡献。例如可以安排争强好胜的人负责生产管理工作，让虚荣心强爱自我炫耀的人从事市场公关工作。

2. 整合团队人力资源，使团队成员形成优劣势互补的良好局面。

团队里不可能出现全才，员工难免有这样或那样的短处，领导者要对团队成员的长处和短处了如指掌，巧妙地用其所长，同时使员工之间优劣势互补，打破"木桶定律"，不让任何人的弱势影响团队整体力量的发挥，而是利用优化整合的方法，把木桶的短板补齐，全面提升整个团队的综合实力。

3. 为员工创造条件，把"劣马"变成"千里马"。

柯达公司在制造感光材料时，员工必须置身于暗室工作，可是长期待在暗室里工作对视力损伤很大，员工的视力下降到一定程度，就没办法继续工作了，这个难题是很难解决的。后来一名主管主张聘用盲人来从事暗室的工作，盲人习惯了长期在黑暗中生活，恰好最适合这项工作。柯达的这一用人策略大获成功，公司的劳动生产率得到了提高，还给社会留下了唯才是举的好印象，之后许多高学历人才和专业人才都争相到柯达公司工作。

柯达公司用人的妙处就在于能够从人的短处中挖掘出长处，所谓"尺有所短，寸有所长"，缺点明显的人也是有长处的，"劣马"和"千里马"是相对的，为员工创造好必要的条件，以前的"劣马"完全可以转变成"千里马"。领导者不要过于歧视缺点和弱点明显的员工，而要想办法促使他们把短处转化成长处，使其更好地为企业效力。

化解内部矛盾，降低内耗

在工作中，矛盾是无处不在的。团队内部员工由于价值观不同，个性迥异，彼此之间常常会发生各种矛盾和冲突，这在一定程度上影响团队的凝聚力，造成了内耗。为此，领导者就要妥善化解员工的内部矛盾和冲突，来有效降低企业内部成本的损耗。

领导者不要过于害怕团队内部出现分歧和矛盾，每个员工都有各自的想法和不同的做事风格，不可能变成一个绝对统一的整体，如果个体的差异性完全被泯灭了，对于团队而言也未必是件好事，因为那将意味着整个团队呈现出死寂一般的僵化状态。可是领导者也绝不能对团队的内部矛盾视而不见，因为内部矛盾加剧会瓦解团队的聚合力，给企业造成不可估量的损失。

有一家生产塑料加工机械的工厂，有位年轻技师和生产组的老组长发生了冲突。年轻技师是名牌大学毕业的高才生，在这家工厂工作了三年多，组长虽然只有高中文凭，但是已为公司服务了 11 年，资历颇深，两人对厂内生产的射出成型机的改良方式提出了不同的见解。技师建议在射出速度上安装一个自动控制钮，组长却认为根本不必那么麻烦，只要在射口上加以控制就行了。

技师是从机械结构理论来考虑的，组长是从实际操作角度来提出的经验之举，两个人互不相让，在工作场合大声争吵起来。表面上看，他们都是为了将产品改良得更加完美，好像彼此都没有私心，而实际上他们却是暗自较劲。

组长想："我整天跟机械打交道，已经在工厂干了十多年了，实战经验比你这个黄毛小子丰富多了，你才来公司多久，不过掌握了点理论知识，就认为工作能力比我强了，简直是自不量力。"

技师想："我比你更懂机械结构的原理，而且已经有了三年多的工作经验，理论和实际已经结合得很紧密了，你那种改造机械的方法根本就比不上我提出的方案。"

技师和组长之间的矛盾其实早已经很深了，两个人都不服气对方，有了导火索，大战一触即发。冲突发生后，老板感到左右为难，他很重视高学历的专业人才，因为这类人才对企业的长远发展很重要；但是他又不想得罪组长，因为那样做会影响公司的生产。权衡再三之后，他想出了一个"两全其美"的好方法，那就是设立研发部门，让技师带着几个员工专门从事改进产品的工作，让组长负责抓生产，两个人权责已经划分得很清楚了，日后各司其职，就不会再发生直接的正面冲突了。

技师和组长虽然在工作上可以互不干涉，但是彼此之间还是需要沟通和交流的，老板必须想办法消除彼此的怨气，于是就把两个人分别叫到办公室里谈话。老板对年轻技师说自己对他寄予了很大的厚望，公司未来的发展全看他了，希望他能研发出更好的新产品。然后话锋一转，说那些老技工都有些偏脾气，希望他别太放在心上。技师见老板这样看中自己，顿时甚为感动，不打算和组长计较了，当即表示自己会以大局为重。

接着老板又和组长长谈了一次，语气平和地说："你身为生产组组长，怎么能在那么多员工面前和技师吵架呢？有什么不满你可以跟我讲，不要公开和人家吵闹。你在工厂已经工作十几年了，是比较有资历的老员工了，你的能力我是信得过的，但是公司开发新产品不能只靠你和我两个人，我们必须得吸收专业人才，理论知识也是有价值的，大公司负责产品开发的都是学有专长的人才，你是长辈，气量应该大一些，不要和年轻人计较，现在你们俩工作分开了，但是技师毕竟年轻，经验不如你多，日后的工作还是需要你多多支援，你应当尽力协助他，有什么委屈可以跟我反映，但是不要和人家当面吵。"组长本来想要向老板告状，听老板这么一说，半晌无话，既然老板非常认可他的能力，也承认他在企业中的地位，还把他当自己人看待，他还有什么怨言可说呢？为了企业日后的发展，他也打算和技师和解，必要时还会对这个年轻人提供一定的指导。

工厂老板用极其聪明的方法化解了员工的内部矛盾，有效地降低了内耗，使自己的得力部下能集中力量把自己的本职工作做好，而不是把精力浪费在互相怨恨和指责上。领导者要因势利导地化解员工的内部冲突，加强团队的管理，在处理矛盾时，要遵循以下原则：

1. 明察秋毫，详细了解情况。

领导者在解决员工之间的矛盾和纠纷时，不能只听员工的一面之词，而应对事件的原委进行详细的调查，充分了解矛盾产生的原因及经过，深入分析冲突的实质，然后对症下药，巧妙地调解员工之间的纠纷。

2. 对员工进行耐心的诱导和教育，必要时施加压力限期改正。

调解矛盾的初衷是为了让员工打开心结，消除怨气，能更好地在工作中团结协作。领导者务必要做好沟通工作，帮助员工梳理好心绪，在诱导和教育的基础上，令他们尽快纠正对抗行为，绝不能让矛盾长期纠缠不清，必要时限定他们在一定的期限内改正自己的做法，配合彼此的工作。

3. 不拖延，及时解决矛盾。

如果领导者不能及时处理好员工的内部冲突，员工的矛盾就会越积越深，日后就会变得难以解决。员工有了纠纷，领导要及时召集他们谈话，并认真地调查取证，找到矛盾的症结，引导员工站在对方的角度考虑问题，多多谅解同事，以此来消除他们的隔膜。

4. 利用共同的目标来化解内部成员的矛盾冲突。

加盟企业的人才多是怀有抱负的，这样的员工除了关心自身的切身利益外，还非常关心企业的长远发展，领导者可引导此类员工站在企业的整体利益上来考虑问题，促使其为了完成企业的共同目标而放弃个人恩怨。

5. 双方矛盾无法化解时，可考虑安排他们分开工作。

如果员工之间存在无法调和的矛盾，领导者费尽心力也无法协调冲突，这时只好考虑把他们的工作岗位分开，由于日后的工作彼此交集减少或者完全没有交集，双方之间发生摩擦的概率自然也就降到了最低，没有剑拔弩张的对峙和不友好的公开叫板，团队就会变得更加团结，凝聚力和向心力则会随之大增。

有效处理内部派系关系

无论是中小型企业，还是大公司，内部都存在着小团体。小团体既是企业中的非正式组织，直白一点就是派系，它们是由拥有共同的志趣或利益的人组成的集团。小团体的出现是不可避免的，任何一个团队都不可能像无缝可寻的钢筋水泥一样牢固，团队是由人组成的，而不是钢铁，俗话说，物以类聚，人以群分。很多领导者因为小团体的存在而头痛不已，因为它们是一股不可忽视的力量，有可能集体反对自己的决策和工作，也有可能发生派系之争，破坏团队凝聚力，面对这一管理难题，不少领导者都不知如何是好。

想要完全消灭小团体几乎是不可能的，小团体的存在自有其道理，首先它是利益的团体，内部成员利益趋于一致，拥有共同的目标。其次，它是友谊的团队，成员情投意合，感情甚笃，能够相互关怀和爱护。小团体对公司来说并非只有害处，它就像一个避风港，可以给员工带来安全感，成员经常沟通，互相帮助，共同解决情感和工作中遇到的问题，为员工提供精神支持，使其在工作时间保持心情愉快。

小团体虽对企业有正面影响，但是负面影响也是不容忽视的。小团体会给领导者的工作带来阻力，倘若领导为了企业的整体利益损害了某个小团体的利益，他们就会公开与公司对抗。此外，小团体还可能成为谣言的发源地，平时内部成员频繁交换信息，有时会传播一些道听途说的虚假信息混淆视听，使员工对领导或者公司产生质疑，影响团队向心力。小团体最具破坏力的影响是割裂组织，破坏团队精神，使组织形成内部人和外部人的区别，不同团体由于利益和观念上的分歧，会引发激烈冲突，致使员工拉帮结派、争斗不休。有时小团体两败俱伤，会给企业造成巨大损失。

刘晨是一家电机制造厂的副总裁，该厂的主营产品是磁瓦、轴承、驱动轴等。他刚刚担任重要职务后，雄心万丈，一心想把公司打造成国内的领军企业。可是公司里还配了另外一个副总裁，那位副总裁叫王哲浩，负责公司的两大业务——磁瓦和轴承，刘晨虽然掌管四项业务，但是多为盈利模式不明晰的业务部门。

王哲浩和公司总裁是亲属关系，深受信任，在公司有不可动摇的地位，有很多人鞍前马后地追随；而刘晨也不甘示弱，一心想巩固自己的地位，也开始拉帮结派。后来公司就形成了以王哲浩为首的和以刘晨为首的两大派系。

两大派系的员工表面上一团和气，私下里却经常明争暗斗。公司成立了芯片产品部以后，刘晨成了部门负责人，这项业务公司尤为重视，刘晨终于有了大显身手的机会。芯片正式投入市场后，销量一直不错，给公司带来了巨大的效益，公司很看好芯片未来的发展前景，推出了第二代芯片产品。第二代芯片却远远不如第一代产品受欢迎，销量不断下滑，主要原因是产品品质有问题。技术部门是由王哲浩负责的，为了解决产品技术问题，刘晨马上找到王哲浩沟通。

王哲浩却说产品销量低主因不是技术问题，而是产品部的营销工作没做好，第二代芯片产品比第一代产品先进，不过是有点瑕疵而已，客户既然能接受第一代产品，就应该能接受第二代产品，要马上解决技术问题并不是那么容易的事，技术部门还要开发其他产品，没有那么多时间来改良芯片。刘晨坚持要求技术部门解决第二代芯片的质量问题。王哲浩只好答应他尽量改进产品。可是刘晨离开后，王哲浩却吩咐技术部门的主管把精力集中在新产品的研发上，余下的时间再去解决芯片质量问题。

刘晨多次催促技术部门改进芯片质量，技术部门却总是以正在研发新产品为由推脱，两个月后客户的投诉越来越多，产品销量大幅度下滑，由于完不成业绩，产品部的员工工资越来越低，他们对技术部门越发不满，每次见到技术部门的员工都感到愤恨，两个部门的员工最终发展到水火不容的地步。

由于两大派系的争斗，公司的新产品进入了滞销阶段，之前公司为了研发第二代芯片产品投入了巨大的人力、物力，而今亏损得非常厉害，不免元气大伤，王哲浩和刘晨两虎相争，最终两败俱伤，但是最大的输家却是公司。产品部和技术部成为仇敌，日后公司推出新产品，两个部门的人都不愿相互配合，给公司的业务造成了巨大的冲击。

一般情况下，公司都不鼓励内部出现小团体，因为它们就像一个个割据的诸侯，一旦发生混战就会给企业带来近乎毁灭性的打击。但是小团体形成之后，领导者很难成功拆散它们，打压和对抗都很难削弱它们的力量，有时还有可能使内部成员越抱越紧，起到完全相反的作用。那么作为领导者应该怎样管理小团体，处理好企业内部的派系关系呢？

1. 领导者需保持中立，不能卷入派系纷争。

企业内部形成一个和谐统一的整体，团队才有凝聚力，有的领导为了权欲、私欲或者其他目的，拉拢部分员工在企业内部树立派系，这样做只会让内部关系更加恶化，致使团队内部纷争不断。领导者不能让自己变成某一派系的核心领袖，而应该把自己定位为整个团队的带头人，绝不能为了个人利益和目的而损害团队的整体利益。

2. 明确各利益主体的责任，确保尊重员工利益。

领导者若能充分尊重每位员工的权益和利益，员工就会更加依赖企业，而不会加入或倒向小团体。小团体是利益的集团，员工如果自感弱势，便会靠依附小团体来为自己争取利益。因此，领导者降低派系形成的概率，必须从尊重和保障员工的利益开始。

3. 利用小团体优势，推动大团体发展。

领导者要引导小团体发挥正面作用，将它的负面作用降到最低。领导者要想方设法对小团体的领袖施加影响，将小团体转化成企业内部的一股正向力量，促进团队目标的达成。领导者可根据小团体的特点，委任团体内部成员分担工作，由于这些成员拥有共同的价值取向和目标，工作起来往往更加快速有效。

4. 及时遏制派系之争。

对于恶性小团体，领导者要及时制止它们的明争暗斗，并进行相应的管理，绝不能让派系之争损害企业的整体利益，具体做法是削弱骨干成员对小团体的影响力，让牢牢抱团的小团体成为松散的一种组织，同时增强企业对内部成员的影响力，将小团体的破坏力降到最低。

谨防祸起萧墙，及时制止"窝里斗"

每个企业都非常看重团队精神建设，可是事实却常常不尽如人意，人的心态是微妙和复杂的，在"羡慕嫉妒恨"等心态的影响下，就会出现互相拆台、恶语中伤的窝里斗局面。"窝里斗"又叫"内讧"，它不同于竞争，良性竞争可以促进企业的快速发展，而热衷于窝里斗的员工自己能力和水平不行，又不允许别人出头，因此只要窝里斗现象普遍存在，团队就极有可能业绩惨淡。许多领导者对此感到无所适从，因为有人的地方就有江湖，自己又怎能阻止江湖上的争斗呢？

有的企业具有很强的适应能力和抗压能力，没有被变幻莫测的外部环境打败，也没有被强大的竞争对手击垮，但是却毁在了自己人手里，所谓的"祸起萧墙"也不外乎如此吧。有的领导者总把眼光投向外面的世界，而对内部的是非重视不够，结果外战告捷，却被内战拖垮，这实在是一大遗憾。

在郑州有一家智能卡公司，创业之时公司仅有一间不足 20 平方米的简陋办公室，公司的雇员也只有区区几人。后来公司不断发展壮大，员工增加到几十人，有了自己的制造车间和宽敞明亮的办公室，年营业额逾千万，在当地成了小有名气的成功企业。

公司的发展并非一帆风顺，经历了很多风风雨雨才有了今日的成就，它一次次战胜了比自己更强劲的竞争对手，根据市场的变化及时调整策略，使公司的产品始终保持很高的市场占有率。因为公司的效益越来越好，老板对企业的骨干员工也变得慷慨起来，除了充分满足他们的各种需求外，还给他们派发了股份。

老板本意是鼓舞大家更努力地工作，然而结果却事与愿违，核心骨干为了自己的利益不但互相争斗，还常常向老板打小报告，甚至要求老板惩处自己的劲敌。老板感到非常恼火，他平时工作就忙得不可开交，公司业务上的很多事情都要操心，而今还得每天处理这些钩心斗角的事，怎能不闹心呢？

接下来发生的事情完全脱离了老板的掌控，生产部组长认为自己为公司立下过汗马功劳，不能接受自己的待遇低于营销部主管的事实，而营销部的主管坚持认为企业的利润主要是自己部门创造的，生产部负责的不过是基础性的工作，老板只好给两位核心骨干都涨了工资，但是两位骨干成员仍没有停止争斗。

生产部组长看不惯营销部主管，营销部主管也讨厌生产部组长，两人依旧轮番到老板那里诉苦和打小报告，还时常推荐别人来取代对方的职位。营销部主管经常在公司里散播谣言，对生产部组长大加中伤，很多经过添油加醋的故事传到了工人耳朵里，很多工人信以为真后对生产部组长产生了极大的不满，生产部组长平时对待工人比较严厉，有一次他不慎得罪了一名人缘颇好的老员工，老员工把听来的消息当着工人的面讲述了一番，工人群情激奋，约有三分之一的工人当天就举行了大罢工，后来加入罢工队伍的工人越来越多，营销部主管趁机建议老板辞掉生产部组长，并表示自己已经物色到了更合适的人选。

老板为了企业能正常运作，不得不辞退了资历颇深的生产部组长，但是新组长一上任就显得很不适应，工厂的劳动效率越来越低，管理陷入混乱，老板也想过再次换掉生产部组长，可是企业内部一时找不到替代的人选，短时间内也没办法在人才市场上外聘到合适的人选，最后企业效益不断下滑，后来沦落到被竞争对手收购的悲惨境地。

无论是什么类型的企业，只要出现了严重的窝里斗，公司效益就会受到严重影响，领导者必须果断采取措施予以干预，不能让窝里斗成为企业的定时炸弹，对于内讧者要给予必要的惩罚，向所有员工表明企业绝对不允许存在窝里斗现象，为了一己私利而损害整个团队利益的人一定会受到严厉惩处，要消除窝里斗，就必须先了解员工钩心斗角的原因，然后对症下药，具体可以从以下几个方面着手：

1. 对于内部的利益之争，可把恶性竞争引入良性竞争的轨道。

业务部门内部钩心斗角，无非是为了争夺客户和订单，领导者可对陷入恶性竞争的员工加以引导，使他们的暗斗变成公开宣战，同时鼓励正面的竞争，把私下里的钩心斗角转变成良性竞争，让互为仇敌的员工成为竞争对手，以此促进团队整体业绩的上涨。

2. 冷淡对待爱打小报告的员工，严厉惩处搬弄是非的员工。

有的员工忌妒心强，看到别人比自己出色就心理不平衡，总喜欢在背后搞小动作，屡次向领导进献谗言，作为领导不要理会这样的人，更不能利用这类人当自己的眼线，总之，不可听信此类员工的谣言，还要对其进行批评教育，表明自己的立场，这类员工感到自讨没趣，自然也就不会那么热衷于打小报告了。

有的员工喜欢搬弄是非，唯恐天下不乱，经常在团队内部散播不实的消息，还妄图通过挑拨离间来达到自己的个人目的，对待这种员工绝不能手软，否则他们就有可能成为毁坏整个团队的蠹虫，可在公开场合严厉批评他们的不良行为，对于屡教不改者可予以开除。

3. 严肃处理破坏团队团结的员工。

对于恶语中伤他人的、不配合同事工作的、有意刁难其他员工的、把精力耗费在溜须拍马制造矛盾上的员工要给予严厉的处罚，企业不是藏污纳垢之所，绝不能姑息这些不良行为，更不能助长歪风邪气，但凡由于腹黑而严重影响团队团结的员工都应该及时清理，不要让团队为他们的错误行为埋单。

第七章

让经营变简单：
遍地撒网，不如专注于一项

　　简化管理中极为重要的一项就是使企业的经营和产品变简单。比如万科，曾经果断地放弃超市业务，专注于做房地产，使自己的口碑越来越好。也就是说，要使企业经营变简单，就是让企业砍掉非专业性的产业，专注于自己擅长的领域，发挥匠人精神，将产品做精、做细、做透，做到无法替代，然后将企业推向新的高度，结出巨大的利润来。这里所说的简单，就是指让企业专注于核心领域，全力以赴，没有半途而废，直到成功。既将高品质的理念发挥到极致。

大公司的"伤痛":贪规模,求全面

中国企业主都有一个通病,就是当企业发展势头稍好一些时,便开始贪规模,大肆地搞扩张,求全面:什么赚钱做什么,什么都想做,什么领域都想涉及,然后拿三分的钱,去做十分的事。等公司规模壮大后,很容易出现各种各样的问题,比如核心产业的竞争力下降、资金链断裂、管理混乱等,承受风险的能力反而降低。尤其是在经济下行,或遇到金融危机时,很容易在一夜之间走向破产或者失败。从管理方面来分析,这是患了经营上的"复杂病"。

国内一家专门做体育用品的大型企业,其旗下的服装、体育器材品牌曾经在国内风靡一时。在企业发展势头正好的时候,该企业便开始了大规模的扩张之路。他们的扩张只是单纯的资本扩张,却没有对未来的消费市场做正确的预估,只管生产,丝毫不关心市场增长的幅度,也未弄清楚他们扩张后的目标消费人群。在经历了产能的不断扩张之路后,库存堆积开始不断地凸显,大量的积压产品让其品牌在运动休闲服装领域彻底失去了竞争力。

在战略布局上,该品牌在发展势头正猛的时候,野心开始不断地膨胀,并扬言要进军国际市场。同时,它也将国内的目标消费人群定在了新生代的"90后"身上。"90后"作为新生代,对该品牌并没有深刻的感知,仅仅依靠口号与轰炸式的推广,自然也难以打动他们的心。这次战略布局,不仅未能让"90后"接纳,相反,还让它失去了原先的一些中青年客户,这次失误,让它的国际战略布局化为了泡影,也将该品牌的发展推向了谷底。

在技术方面，该运动品牌原先最吸引人的地方首先是专业，以篮球鞋为例，缓震、启动、安全、轻便等各个方面对篮球爱好者都很重要。其他的运动品牌，比如耐克和阿迪达斯等品牌，之所以获得长足的发展势头，是因为始终坚持技术方面的创新，比如耐克从鞋底到鞋面，始终在针对不同的受众群体，给予细节方面的不同处理，一直在用技术创新来满足对运动产品专业性要求越来越高的用户。而该品牌在篮球鞋方面仍旧采用极老的技术，几年来只管埋头扩张生产规模，却没能沉下心来搞技术，为此，该品牌给人的感觉就是过时的、陈旧的，不能让人信服的。

在人才管理方面，自该品牌开始自我膨胀，开始扩张之路后，企业内部开始出现严重的亏损，许多管理人才也陆续离开，致使该品牌的发展陷入了绝境。

实际上，在该品牌衰败之时，浙江的一些主攻低端市场的平价运动产品，却异军突起，迅速占领市场。这些企业多以代工企业出身，处于产业链的低端，等资金实力雄厚之后，就开始沉下心、埋下头来做自己的品牌，然后通过轰炸式的广告影响受众群体，再通过发展代理商，逐步地壮大起来。这些企业因为规模小，所以对市场的反应较为灵敏。他们既生产有明星代言的名品、高端系列，还有主攻低端市场的平价产品。兜里揣着 100 元的消费者买得到，揣着 300 元的挑得爽，揣着 600 元的觉着便宜。他们依靠丰富的产品生产线，获得了大量的受众群体，获得了不错的发展势头，获得的利润也十分可观。

的确，许多企业在贪求规模的时候，难免会忽略了市场调查、技术创新、人才管理方面的问题，因为规模大，很容易因为战略或管理上一个小小的失误而将整个集团拖入绝境。企业家俞敏洪说："许多企业家都有一个通病，便是急功近利，盲目地贪求规模，花钱请名人代言，然后推出几个模糊的科技概念，做企业还是需要踏踏实实地一步一步地积累。"

在当今经济下行的形势下，贪求规模，大肆搞扩张，已经不适合企业的发展模式，那些之前贪规模、搞扩张之后的大公司，已经开始懊悔。

一家以副食品生产为主业的大集团企业，其属下有 10000 多家子公司，但 90% 的利润皆源于两个副食品方面的企业：厨房食用油和粮食加工业。

该集团的领导十分懊恼地说，如果当年公司能够勇于舍弃，专门专心做副食品生产，到今天一定能够成为最盈利的副食品公司。但因为当初的集团领导人为了加快发展步伐，四处寻找机会，能做就做，什么赚钱做什么。如今该企业所涉足的产业十分广泛，比如房产、厨具、五金、金融、互联网等产业，这些产业内部因为缺乏精细化管理，已经连年亏损，成为该集团的"拖累"，该领导人对此也悔恨不已。

随着市场竞争的加剧，多数行业的成长空间与先发优势已经消失殆尽，许多企业因为涉足领域太广，无法集中精力去提升其产品的竞争力，甚至连原来的优势产业也被拖累，这是当下许多大公司的发展困境。其实，在当前的市场环境中，那些"小而精"型的"极简型"企业，则能最大限度地赢得利润，他们只专心做一项，并在自己擅长的领域坚定不移地钻研，努力将产品做精，将服务做好，反而能够赢得更多的客户，赢得市场。

给公司做"减法"：只有"瘦"，才能飞得更高

企业"贪大求全"是许多企业家的一致诉求，但是，许多企业在追求做大做强的过程中，却陷入了一种盲目地为求"大"而大的误区：寻求各种机会，妄图一口吃成胖子。最终涉及的行业和领域越来越多，却没有一项产业成为其核心的竞争力，最终，这些"广泛"的领域，反倒把企业给拖垮了，这样的案例现实中数不胜数。

所以，在现阶段新的经济领域中，勇于舍弃，将企业的经营范围缩小、做轻，可以聚焦能量，在自身擅长的领域实现长远的发展和突破。同时，建立以客户和市场为导向，可以让企业摆脱成本经营和价格竞争的困境，建立以价值为基础的长远竞争力。身为管理者，一定要结合自身的状况，转变经营观念，遍地撒网，不如专注于一项，集中自身的优势产业做精、做强，这才是在当下市场竞争中，使企业保持可持续发展和长久竞争力的关键。要知道，在生产成本逐渐增加的市场环境下，只有让企业变"瘦"变"轻"，才能飞得更高更远。

一个专做酒业生意的经销商好朋友，主要代理各种各样的酒类产品，红酒、黄酒、白酒、啤酒等，他代理的品牌五花八门，从高端到低端，全部都有。在这个领域中，他在当时可谓是老大级别。去年忽然接到这位好友的电话，问我某大品牌可不可以做，厂家业务员来了好几次，给出的代理条件也相当地优惠。我当时给他的建议是：你代理的酒类品牌太杂，租那么大的库房，压力已经相当大。而且高端和低端类产品销路并不好，不如砍下这两块，专心做中档

酒类产品。至于你说的这个大品牌，根据你自身的实际情况而言，因为考虑到你自身的渠道和操作经验、销售团队等因素都不是很符合经营这个品牌。这位朋友听了我的话，毅然去掉了高端和低端，让他的营销团队专攻中档酒类市场的开发。今年年底，他又打电话告诉我，经营的品种虽然变少了，销量和利润却增加了不少。而同时，这位朋友的压力也减轻了不少，他可以专注在某一些品牌领域开拓市场。

"聚焦"这个词，最近比较热，一个人若将精力"聚焦"于一个领域，7 年后便可能成为某个领域的"专家"，而若一个企业将精力、资金和资源"聚焦"于某一个方面，发挥"匠人精神"，成为行业中最富有竞争力者将是轻而易举的事。

近几年，中国制造业遭遇了前所未有的"寒流"冲击，出口下降，珠三角和长三角的许多企业都难以熬过人民币升值、原材料、劳动力等成本持续攀升、出口订单锐减、银行贷款持续收紧等难关，只有关闭或者转型。过去许多年，我们在一步步跃升为"世界制造工厂"的同时，我们的挑战也在与日俱增、危机四伏。如今，许多企业也到了真正需要突围的关头。要想在这场"寒流"中挺过去，就要学着对自己的企业做"减法"。这不仅表现在中国，世界上许多大型企业，也在忙着给企业"瘦身""减肥"。

宝洁公司在全球的产品种类有近千种，这不但分散了顾客的注意力，还增大了公司的促销开支。在前几年，公司决定把种类由过去的 900 多种压缩到现在的 300 多种，仅在头发护理一项上种类就削减了一半。再比如，公司生产的卫生垫，以前仅图案就有 70 多种，如今仅剩下 11 种。缩减产品的种类使生产及分销费用节约了 20 多亿美元。

另外，为了给企业"瘦身"，宝洁公司还实施了统一包装业务。

包装对产品的销售起着极为关键的作用，但宝洁公司还是统一了公司产品的包装，简化包装种类，实施全球统一的包装策略。比如洗发香波的包装简化成两种，仅此一项就为公司省去2000万美元。

同时，宝洁公司还减少了新产品的开发。尽管宝洁公司的新总裁认为新产品的开发有利于企业的竞争与发展，但还是在新产品的研究与开发上加强了管理力度，他们认为要将本公司最富有竞争力的几项产品做到极致，便也能够轻易地占领市场主动权。与其在新产品上投入大量的人力物力，不如将原有的产品进行深挖掘，将少数产品做到极致。

最后，宝洁公司也果断地"砍掉"了一些边缘品牌。宝洁公司的领导层决定，缩小原有的生产延伸规模，放弃一些边缘生产品牌。比如，出售了部分其附属的品牌和生产线，以1200万美元的价值出售了止痛药生产线，以900万美元出售了防晒霜生产线，以此来加强公司在主要产品和品牌上的竞争实力，维护公司的领导地位。

从根本上讲，将公司"做精、做小"，就是将非增值的企业价值链环节果断地割腕断臂，然后围绕如何降低成本和提高生产力，如何对产品或服务实施持续创新，如何增加利润和开拓有价值的市场而不是单纯以规模取胜，如何提高质量和客户满意度，如何日益向客户的需求驱动转型等。

小公司可以做大、做强，但要把大公司"瘦身""减肥"，则并不是件容易的事。在几次"危机"中都坚韧地挺过来的企业，并不是因为它们的"大"，而是因为它们的"强"，只有将产品、技术、组织、团队、市场应变、创新力、资源和谐整合，才能保证中国制造完成凭借劳动力成本获得竞争优势到通过先进机械设备实现工业化的转化，使中国的企业都成为集信息化、经营和管理的创新化于一体的伟大公司。

经营切忌好高骛远，专一方能成就品牌

日本经营之神稻盛和夫说过："品牌是靠专一去成就的！"说的就是要提升产品品牌，必须要走极简化的专一发展之路。细想国际上那些知名的品牌，几乎都是清一色的专一经营。沃尔玛仅是一个超市零售店，就雄踞世界500强首位，年销售额达2000多亿美元。可口可乐公司单靠一种可乐饮料，便能赢得全世界消费者的青睐；麦当劳仅靠做汉堡，便将连锁店开遍了全球……

除此之外，很多世界知名的品牌公司所从事的领域都是非常狭小的，它们之所以成功，就是做到了一个字："专"。所以，身为公司的管理者一定要摒弃"肥水不流外人田"的观念，向世界顶级品牌学习。就连世界顶级公司微软也是单一地从事办公软件的开发服务。由此可见，"专"已经成为公司必备的要素之一。从世界知名品牌公司的成功可以看出，公司成功的必备要素之一就是"专"，因为只有做"专"，才能做"精"，只有做"精"，才能做出特色，才能做成规模，才能有竞争优势，才能有品牌效应、品牌效用和品牌效益。

对于管理者来说，虽然现在的市场经济形势不太乐观，但"识时务者为俊杰"，越是在经济低迷的时候，越不能盲目地被疲软吓住，当然也不要盲目地扩大品牌投入，而是需要看清楚市场，通过认真地分析自身资源及其优势，适时地调整自己的发展战略。我们也要及时做好本公司的市场定位，发挥自身专业领域的技能或特色，创立专一的特色品牌。之后通过细分市场走专业化发展，走有自己特色的专属品牌线路。

在美国，有40％的女人都因为太胖而使臀部过大，而无法穿裤袜，对此，她们都忧心忡忡，也不敢轻易穿裤袜，认为裤袜会使苗条的妇女看起来更为健美，却会使身材肥胖的妇女看上去更加的臃肿。

美国的许多生产裤袜的厂家，都认为胖女人不会穿裤袜，更不会买裤袜，所以，长时间没有人去开发这一块市场。但是雪菲德公司则通过市场调查的资料进行分析，却得出了一种与众不同的意见，正是因为这些肥胖女人穿的裤袜是一块处女地，所以，他们便瞄准了这一市场，认为大有开发的前景，他们认为如果放弃这个40％的市场实在太过可惜，于是，就决定抓住这个机会，开辟全新的销售市场。

于是，雪菲德公司就开始召集最优秀的设计员，专门为胖女人设计出一种名为"大妈妈"型的裤袜。为了使这种裤袜比普通的裤袜更具有弹性和韧性，该公司毅然砍掉了其他毫无市场竞争力的产业：服装、衣帽等纺织品，集中资源和资金大力研发新型材料，几年后，该项研究取得了成功，该公司也终于生产出了弹力和韧性十足的专供胖女人穿的裤袜。

接下来，该公司为"大妈妈"型的裤袜开始大做广告。在广告中，有3位胖墩墩的妇女穿上他们生产的裤袜排成一线，标题赫然写着"大妈妈，你真漂亮"几个大字。3位胖妇女，面带微笑，仰头挺胸，她们的臀部看起来很肥，但是穿上裤袜之后，从侧面看上去不但没有肥胖的感觉，而且让人觉得她们很快乐而且充满自信。

广告发布后的第一个月内，雪菲德公司就收到了7000封赞誉信，而且商店里胖女人争先恐后买裤袜，赢利大增。雪菲德根据市面上的调查资料，打破胖女人不穿裤袜的现实，独具慧眼地捕捉到极具潜在效益的机遇，为特殊顾客着想，特意为胖女人设计裤袜，奠定了该公司在裤袜市场的新地位。

经营切忌好高骛远，只有专一才能成就公司品牌，这一点适用于所有的公司。因此，公司的管理者应当从学做"专"开始，从做"精"上下功夫，专精经营，打造专一公司的产品品牌，促使公司更快地向前发展。

"聚焦"能量：从小处着眼，往深处探索

对于大企业来说，要简化经营需要考虑的复杂因素很多，但对于中小企业来说，要简化经营，走专业化路线，最为关键的就是要做到一点："聚焦"能量，从小处着眼，往深处探索。其实，每个中小企业经营者都应该细思这句话，并从中汲取养分，让企业从同质化泛滥的市场中"绝处逢生"。

悉数那些中小企业，它们都有一个特点：产品品类达到几十种甚至上百种，是很多大型企业产品品类的好多倍，"市场有什么我就模仿什么，加台设备就行"，很多中小企业坐着"山寨化快车"，在一轮一轮的市场"大洗牌"中把自己送进了坟墓。

这些中小企业有着庞大的产品线，但与之相配套的营销策略、人才架构、管道推广投入却极少。在"轻资产化"的经济时代，小企业实力小，那就应该将自身有限的力量，集中在打造明星产品上面，守正出奇，才能真正"绝处逢生"。假如在势单力薄的情况下还不收缩产品线聚焦打造"爆款"，结局必将是被市场无情地抛弃，中小企业应该从小处着眼，打造"专精特新"的小产品，纵向深挖，塑造出具有不可替代性的顶级爆款，才能以小博大。

有一个三口之家，男的是教师，女的下岗后在家附近的街面上开了一家小店，主要经营纽扣，同时还卖些头饰、胸花之类的小玩意儿。女儿在一所普通中学读书，成绩一般。一家人都是普通人，过的日子也是普通的日子，平平淡淡，紧紧巴巴。

有一天，男的下班回到家中告诉妻子，他有一个新的发现。妻子耸耸肩膀，洗耳恭听。男的说，昨天，我在图书馆去看一份杂志，介绍的都是全世界上的大公司，称为"五百强"，我研究了它们的成功之路，发现一个普遍的规律，那就是它们的经营者都是一根筋，一辈子只做一件事，企业只走一条路。

妻子很是好奇，就问："什么意思?"男的说，比如你卖纽扣，就只卖纽扣，卖所有品种的纽扣，店面再大，都不卖别的。也就是开专营店，五百强走的大多都是这条道路。

有了这样的一大"发现"之后，夫妻俩就有些心动了。一天晚上，他就对妻子说道，以后再进货，头饰、胸花之类的东西，就不要再进了。全进纽扣，有多少品种就进多少品种，看看结果会怎么样。

按照这样的路子发展下去，不久，妻子经营的店面生意逐渐地开始红火起来。几年之后，就全国开起了连锁店，夫妻俩也被当地人誉为"纽扣大王"!

对于中小企业而言，唯有"聚焦"能量，只专注于一项产品，并从小处着眼，往深处探索，才是长久的生存和发展之道。

据相关统计，中国寿命超过一百年的企业仅有几家，而曾经一度动荡飘摇的日本，其寿命超过一百年的企业竟然有 5 万多家。这些企业一度曾让日本成为"精致""精品"产品的代名词。日本的这些百年长寿企业都有一个特点：百年时间里只专注于某个领域，也为企业赢得了社会信赖。这种信赖成为长寿家族企业最可宝贵的财富，提高了企业的抗风险能力。诚信经营加上透彻的匠人精神就成了日本企业长寿的秘诀。中小企业经营者应该从日本长寿企业中汲取精华，聚焦自身的"能量"，将产品做精、做专，才是长久的发展之道。

另外，除了在产品经营方面"聚焦"能量，中小企业要"轻资产化"，还需要善于整合资源，着重品牌的塑造和营销，以小的投入创造"大收益"。

对于中小企业来说，推广品牌第一个面临的便是费用和宣传策略的难题。现实中，很多中小企业主都曾抱怨："我知道广告费浪费了一半，但我不知道到底是哪一半。"这个哈姆雷特式的疑问一直困扰着诸多的广告主和媒体人。开源、节流是企业的根本，对于中小微型企业来说更是如此，一元钱恨不得掰成两半花，在广告泛滥的大环境下，需要有效调整营销推广策略，维持低价推广费用，保证优质营销效果，才是王道。

中小企业在宣传推广中应该侧重精准广告、精准公关、新媒体自营等几个方面的策略，一方面尽量避开大媒体黄金段，寻找适合自身产品的媒体，将有限的广告费用按营销节气合理分配，将二流、三流的区域进行搭配整合，拦截卫视的部分受众，加强广告创意，引起口碑传播。另一方面建立高执行力的营销及促销团队，做终端到消费者之间的面对面精准化促销，在公园、小区等人群密集区有规划地实施促销活动，联合承办各类公益活动提高曝光率和社会形象。同时，也应该建立属于自己的自媒体平台，收集消费者粉丝，建立会员库，为移动精准营销做好充足的准备，在传统互联网上面，充分发挥网络小区的宣传力量，引起话题，提高影响，传统产业应该与互联网、移动互联网进行有机结合，广泛分析、研究、采纳各种新思路、新模式，以保证在新商业环境下不会落伍，说根本，当中小企业主们发现自身宣传推广资金不足时，必须从策略上进行调整，避免硬碰硬，合理搭配推广管道资源，势必会事半功倍，以小博大。

同时，很多中小企业主应明白，塑造品牌不仅仅是打造企业品牌和产品品牌，更为重要的是打造市场品牌，从点到面形成品牌辐射区，最终才能走向全国。企业主最好能从区域明星样板市场开始谋划品牌战略布局。当然，切勿在区域市场上刚有起色便翘起尾巴盲目扩张，冲动必有惩罚，中小企业应该遵循市场规律，从小入手，建立品牌根据地，当自己企业的品牌根据地在全国遍地开花的时候，相信企业品牌早已美名远扬了。

总之，中小企业品牌出路要细处逢生，要以小博大，要避免声势浩大的硬仗，瞅准机会，才能四两拨千斤。

在最擅长的领域：做精、做深、做透

在日本企业界，人们用得最多的一个词语就是"本分"，即好的企业只专注于一个领域，并将自己最擅长的"作品"做深、做透、做清楚。随着市场竞争的加剧，人们对产品和服务的专业化和极致化要求越来越高，这也使企业面临从"广泛化""全面化"向"专业化""极致化"转型。

悉数全球一流企业，你可以发现一个规律，它们都会在自己擅长的领域内做最专注的发展，比如可口可乐只卖可乐，从来没想过要卖汉堡。而麦当劳只卖汉堡，却并不卖可乐，这就是代表专业化。不可否认，"专业化"发展，能够大大地提升产品的"附加价值"，增加企业的"利润"。

曾获得过日本年度企业家奖的梅原胜彦，其从 1970 年到现在始终在做一个小玩意儿——弹簧夹头，是自动车床中夹住切削对象使其一边旋转一边切削的一个小部件。梅原胜彦的公司叫"A－one 精密"，它位于东京西部，2003 年在大阪证券交易所上市，上市时连老板在内仅有 13 个人，但是公司平均每天就有 500 件订货，拥有着 1.3 万家国外客户，它的超硬弹簧夹头在日本市场上的占有率高达 60％。A－one 精密一直保持着不低于 35％的毛利润，平均毛利润 41.5％。

梅原胜彦经营企业这么多年，他一直秉承着一条信念：不做当不了第一的东西。他常说："豪华的总经理办公室根本不会带来多大的利润，呆坐在豪华办公室里的人没有资格当老总。"有一次，一批人来到 A－one 精密公司参观学习，有位大企业的干部问："你们是在哪里做成品检验的呢？"他的回答是："我们根本没有时间做这些。"对方执拗地追问道："不可能，你们肯定是在哪里做了的，希望能让我看看。"最后发现，很多日本公司真的没有成品检验的流程，就是说，日本对产品的专注精神，已经使他们的产品精确到根本不用检验。

只有专业化，才能打造出精致的产品和服务；只有专业化，才能让各项经营管理工作标准化，标准化了也就意味着经营活动能够以更加集约的方式进行，从而获得更大的利润空间。

在中国家电行业，有一家企业无论是从企业规模还是产品的宽度来说，都与海尔、美的等巨头无法相提并论，然而它所生产的产品却赢得了市场消费者的高度信赖，一直占据厨具电器的高端市场，价格与西门子等德国品牌处于同一水平，这家企业就是方太厨具。

方太厨具就是一家把企业做"小"、做"慢"、做"笨"的典型。

当年，作为浙江慈溪的龙头企业，方太其实有很多机会进军房地产等可以大赚快钱的机会。然而，方太坚决抵挡住了此类诱惑，不为一时与主业不相关的业务机会所动，坚持发展厨电产品。即使在家电领域，方太也将产品线从家用电器缩小到厨房电器，再进一步缩小到嵌入式厨房电器，砍掉饮水机、电磁炉等非专相关产品，围绕着嵌入式厨电产品做精、做细。方太负责人说："企业不贪大、不贪多，只求专、精、强，走专业化道路，坚持创新路线，做厨房行业里的金刚钻。"

从 1996 年进入抽油烟机开始，在不断缩小自己的业务领域过程中，其产品的市场占有率却在节节地攀升，迄今为止已经占据了高端厨电产品 30％以上的市场份额，成为厨电行业的领导品牌。一位曾经在美的厨具事业部任总经理的资深家电专家在看过他们的产品后，也不得不赞叹其质量的优良。

将企业做小、做慢、做笨，并不是说企业不发展，不去做大做强，真正的目的是企业在激烈的竞争中，只有专注，才能专业；只有专业化，才能精细化；只有精细化，才能"不可替代"。

当然，企业经营者要想在内部实施"专注"发展策略，要从以下几个方面做起：

1. 对原本繁杂的业务进行细分、简化。

"专注"发展策略，企业主首先要搞清楚企业在诸多业务中，最核心的业务是什么，并对这些业务进行细分，从中挑出在行业中做得比较好的、最富有竞争力的、附加价值比较高的，可以以此作为未来企业发展的核心业务。

比如一家汽车配件生产厂家，平时要生产很多零部件，这些零部件的同一个产品型号又包含许多独特的零部件，这直接造成了产品的高复杂度，但是产品批量会相应地减少，产品规模和效益亦会随之降低。也就是说，身为经营者，你要清楚地知晓在这些零部件中，你最擅长生产哪些零部件，并且此产品在行业中竞争力比较强，附加值比较高，那就可以砍掉其他的产品，专门研发和生产此零部件，并不断创新，做行业中的"精英"。

2. 助推"轻资产化"经营。

在企业内部助推"轻资产化"经营，就是在简化前端的生产业务后，逐步要将后端的流水线式的生产环节外包出去，企业专门专注于产品的研发，力争在核心技术方面领先。当然，这是一个逐步推进，慢慢实现的过程。这样通过供应链的管理与重组，可以有效地降低库存，缩短生产周期，大大提高竞争力。

3. "专注"性的企业文化建设也极为重要。

企业一旦确定了要经营和生产的核心业务，就要树立"十年磨一剑"的精神，长期专注于自身擅长的领域，走"专特优精"化的发展道路。一方面公司产品要有质量保证；另一方面要求制造公司不断对产品做出改进或开发更新产品，久而久之，公司发展就会步入良性循环，产品也会越做越精，市场反映亦会越来越好。

当然，要做到这些，在企业内部创建"专注"发展的精神文化理念和向员工灌输"匠人精神"也显得极为重要，它是企业"专注"发展的精神引领者。当然，这种文化氛围的树立并非一朝一夕就能建立起来的，而是要靠经营者或管理者一点一滴去灌输和教化的。

"专注"带来的"专业"：永远无法被复制

"专注"造就的是"专业"，进而带来的则是一种永远无法被复制的"专利"。这是一个人成为一流人才的途径，更是一个公司或企业经久不衰的保证。

在日本有一家45个人的小公司，全世界有很多科技水平非常发达的国家都会向这家小公司订购小小的螺母。这家公司叫哈德洛克工业株式会社，他们生产的螺母号称"永不松动"。依常理大家都知道，无论在任何领域，螺母松动是一件极为平常的事情，可对于一些重大的项目，螺母是否松动几乎关系着人的生命安全。比如像高速行驶的列车，长期地与铁轨摩擦，造成的震动非常大，一般的螺母经受不住，很容易松动脱落，那么满载乘客的列车没准会有解体的危险。

而日本的哈德洛克工作创始人若林克彦，当年还只是公司小职员时，在大阪举行的国际工业产品展会上，看到一种防回旋的螺母，作为样品他带了一些回去研究，发现这种螺母是用不锈钢钢丝做卡子来防止松动的，结构复杂价格又高，而且还不能保证绝不会松动。

到底该怎样才能做出永远不会松动的螺母呢？小小的螺母让若林克彦彻夜难眠。他突然在脑中想到了在螺母中增加榫头的办法。想到就干，结果非常成功，他终于做出了永不会松动的螺母。

哈德洛克螺母永不松动，结构却比市面上其他同类螺母复杂得多，成本也高，销售价格更是比其他螺母高了百分之三十，自然，他的螺母不被客户认可。可若林克彦认死理，决不放弃。在公司没有销售额的时候，他兼职去做其他工作来维持公司的运转。

在若林克彦苦苦坚持的时候，日本也有许多铁路公司在苦苦寻觅。若林克彦的哈德洛克螺母获得了一家铁路公司的认可并与之展开合作，随后更多的公司包括日本最大的铁路公司 JR 最终也采用了哈德洛克螺母，并且全面用于日本新干线。走到这一步，若林克彦花了二十年。

如今，哈德洛克螺母不仅在日本，甚至在全世界都得到广泛应用，哈德洛克螺母已被澳大利亚、英国、波兰、中国、韩国的铁路所采用。

哈德洛克的网页上有非常自负的一句官方说明：本公司常年积累的独特的技术和诀窍，对不同的尺寸和材质有不同的对应偏芯量，这是哈德洛克螺母无法被模仿的关键所在。也就是明确告诉模仿者，小小的螺母很不起眼，而且物理结构很容易解剖，但即使把图纸给你，它的加工技术和各种参数配合也并不是一般工人能实现的，只有真正的专家级的工匠才能做到。

这种"永远无法复制"的产业的"专业"性，是一个企业通往卓越的支柱，更是一个社会走向繁荣的重要支撑。

仔细想想，很多圣人之所以成为圣人都是因为他们能够时刻专注于身边的"小事"，能时刻将这种小事做到极致，做到专业水平，他也就成功了。一个企业发展亦是如此，企业主不会急功近利，不着眼于追求远大的理想，只是循序渐进，一步一个脚印，让产品的每一个细节都能呈现出无可挑剔的完美状态，将服务做到位，建立自己的核心竞争力，才是抗击残酷现实的根本。

一颗米粒上，竟然能摆放下大把大把的塑料齿轮，其中大号的重量为万分之一克，中号的十万分之一克。不要漏看了那些灰尘般的黑点，它们也是齿轮，直径 1.149 毫米，重量仅为百万分之一克。

全球仅有一家企业掌握这些塑料齿轮的生产、加工技术。这家企业位于日本爱知县，员工仅 90 人，他们将把齿轮越做越小当作毕生奋斗的目标，将全部精力投入微型齿轮的研发制造中，现在这家作坊已经成为全球最重要的精密零件厂。大到日本的汽车，小到瑞士的钟表，关键部位都有它的产品。

在日本的琦玉县，一家 14 人的街道工厂造出了一颗黄色的钛制骰子，这颗骰子除了材料稀有之外，看上去平凡无奇。然而这颗骰子却是举世无双、无可复制的。玩过骰子的人都知道，由于每一面的点数不同，骰子的重心往往有偏差。赌桌上的高手，可以利用这微小的差异，随心所欲控制掷出的点数。眼前这颗钛骰子却杜绝了这一可能性。它的重心稳稳地落在了正六面体的中心点，精确程度达到99.999999％。加工这样精致、精确的骰子，凭的是多年以来精湛的金属切削技术。全球只有这一家企业掌握着这项技术，无人可以复制得了。

从一个"小小的齿轮"到一个小小的骰子，在很多人眼中，这是不屑一顾的小事情，而日本企业家却将其做到了极致，他们秉承着自己的"专业"梦想，走在了世界科技的最前沿，使企业找到了长久不衰、屹立不倒的根基。这种钉子般的"钻"的精神，是一个社会走向繁荣的支撑，更是一种厚重的民族精神沉淀的精华。

勿急功近利：拿出"匠人精神"去做产品

要提升利润，经营者首要的就是摒弃"急功近利"的思想，别一味将利益最大化作为最高的追求，甚至不惜牺牲原则和品质。企业追逐利益本是无可厚非的，但是把获取超额利润当成企业发展的唯一动力，就极有可能走上歧途。

上海地铁一号线是由德国人设计的，看上去并没有什么特别的地方，直到中国设计师设计的二号线投入运营，才发现其中有那么多的细节被二号线忽略了。结果二号线运营成本远远高于一号线，至今尚未实现收支平衡。

三级台阶。上海地处华东，地势平均高出海平面就那么有限的一点点，一到夏天，雨水经常会使一些建筑物受困。德国的设计师就注意到了这一细节，所以地铁一号线的每一个室外出口都设计了三级台阶，要进入地铁口，必须踏上三级台阶，然后再往下进入地铁站。就是这三级台阶，在下雨天可以阻挡雨水倒灌，从而减轻地铁的防洪压力。事实上，一号线内的那些防汛设施几乎从来没有动用过；而地铁二号线就因为缺了这几级台阶，曾在大雨天被淹，造成巨大的经济损失。

出口转弯。德国设计师根据地形、地势，在每一个地铁出口处都设计了一个转弯，这样做可以省电，省下了运营成本。

一条装饰线。德国设计师们在设计上体现着"以人为本"的思想，他们把靠近站台约50厘米处铺上金属装饰，又用黑色大理石嵌了一条边，这样，当乘客走近站台边时，就会有了"警惕"，意识到离站台边的远近，而二号线的设计师们就没想到这一点。地面全部用同一色的瓷砖，乘客一不注意就靠近轨道，危险！地铁公司不得不安排专人来提醒乘客注意安全。

站台宽度。一号线的站台设计宽阔，上下车都很方便，而当你转入二号线后，就感到窄窄的让人难受，尤其遇到上下班高峰期。在上海这种大都市，二号线站台显得非常拥挤。

站台门。德国设计师在设计一号线时，一是为了让乘客免于掉下站台，二是为了节省站台的热量，每处都设计了相应的站台门，车来打开，车走关上。而中方的施工单位可能是为了"节省成本"，居然没安站台门，当然，更不可能理解德国设计师的用心了。

对比中国铁路设计和德国铁路设计就可以知道，摆脱急功近利的思想能给企业和社会带来多大的好处，当企业将以利为本的指导方针改为以人为本时，才可能在给社会带来福音时，让自己获得更多的益处。

急功近利的本质是贪婪，在贪欲的驱动下，人可以做出很多不近情理的事情，甚至走向疯狂。企业急功近利有可能在生产产品时粗制滥造，全然不考虑消费者的权益，最终因为失去民心而信用破产，短时间内也许企业能尝到甜头，甚至牟取暴利，但是从长远来看其失去的市场份额所能带来的收益要远大于短期的暴利。所以，身为企业经营者，一定要摒弃急功近利思想，而是要拿出"匠人精神"去打磨你的产品，这从短期看，可能是不划算的，但从长远发展的眼光来看，却为企业的可持续发展及可持续利润奠定了基础。

日本著名企业"秋山木工"的创办人秋山利辉在带领他的徒弟进入作业场之前，必须要让他们成为一个执着的人。即使是否定，学员也要敢于大胆地说出"请让我再试一次"。如果还是不行，就要拼命地想办法，找出解决问题的方法，直到做到让自己满意为止。一遍又一遍，坚持做成一件事的执着，正是这份"执着"，使秋山木工的多数学徒都成为一流人才，遍布世界各地，也成就了秋山木工企业的一流地位。

大川良夫是创建于 1933 年的东京市中野区的"大川蒸笼"的第二代继承人。这家老铺近乎执拗地沿袭着 1000 多年以前的技术，所制作的蒸笼完全不使用黏着剂，而是用樱花树皮一针一线缝合出来的。

笼型马毛过滤器是一种广泛应用于世界美食舞台的工具。和金属丝做成的过滤器相比，马毛具有很强的弹性，不易切断食物中的纤维，因此食物口感更佳。不过，事实上"大川蒸笼"真正制作马毛滤网是从 2001 年才开始的。那一年，爱知县供应马毛滤网的一家作坊突然宣布停业，这项绝活面临失传的风险。无奈之下，大川夫妇两人飞往国外，找到了当时 83 岁高龄的马毛滤网专业之人，请他传授他们制作的方法。他们又在当地的民间博物馆里找到了织网机，拍下照片，回到东京后仿制了一台。此后，在不断重复和改进下，大川终于掌握了编织滤网的技术。要知道，这是一项在 300 多根经线上每隔 2 毫米就要织入两根或三根纬线的操作，需要极大的耐心和经年累月的练习。

而如今，会制作这种过滤器的工厂全世界仅日本才有为数不多的几家，"大川蒸笼"便是其中之一。

埋头钻研技术，几十年如一日，一遍又一遍，坚持将一件事情做到完美，正是当下的多数人所缺乏的一种精神。做事浅尝辄止，疲于应付，不肯钻研也是许多企业经营者的通病，而浮躁的最终结果便是被现实所淘汰。也正如韦尔奇所说，一个人如果围着一件事情去转，到最后世界可能会围着你转；但一个人如果总是围着全世界去转，最终全世界都可能会将你抛弃，做企业亦是如此。身为企业经营者，一定要摒弃浮躁心态，拿出"匠人精神"，踏踏实实地将你的产品做细、做精。

第八章

让决策和执行变简单：
别让"低效"拖垮了公司

在很多公司或企业中，过度管理行为表现得最为严重的便是决策与执行这两个环节。很多管理者在做决策的时候，始终拿不定主意，于是会将精力浪费在无休止的会议上。同时，在实施决策时，属下的员工执行力也极弱，这大大地削减了公司或企业的效益。对此，麦肯锡方法主张：以最快捷的方式，最少的时间、资源来解决工作中遇到的问题。所以，要想提升效益，就必须让决策和执行变得简单起来。如何找到最合适、最简单高效的决策和执行方法，是每个管理者需要认真对待的问题。简单之所以能够产生巨大的能量，是因为符合人性与常识，因为在这个世界上，没有人会喜欢复杂的东西。无论对公司或企业组织，还是对个人来讲，通向成功的道路，往往是越简单越快捷。同理，开启财富宝库的钥匙，也是越简单越有效！

宁花一小时决策，不花一小时开会

很多企业的管理者在做决策时，往往很是依赖"群策"，即与相关的人商议后再做决策。于是，在做决策时，开会便成了家常便饭。而同时，一些毫无决断力的管理者，会一再延长开会的时间。曾有一位管理者坦言：我把公司内部一些人员的时间当成空白支票一样挥霍。多么可怕的言论！因为管理者自己缺乏决断力，而把其他人的时间不当时间，这只说明了管理者的无能。实际上，通过冗长的会议来浪费别人的时间，也等于在消耗公司的资源。一些有几十人、几百人甚至几千人参加的会议，每耽误一分钟，拖沓一分钟，都是对公司的一种巨大消耗。不信，请看这样一个公式：会议成本＝每小时平均工资的3倍×开会人数×会议时间。身为管理者，你可以回忆或计算一下，你每天因为决策，而在会议上消耗的成本有多少呢？这也等于决策成本。

有人曾经算过这样一笔账：假如一个公司有200名领取薪水的职员，其中包括许多技术精湛的人才，之后计算出这些员工的人均年薪为100000美元。保守估计，假如每个人每年在低效会议上花费的时间是15％，那么公司在这方面浪费的时间所造成的损失是多少呢？答案是：300万美元。

多么可怕的数字！以上是一家知名分析公司得出的调查结果。这家公司的调查人员研究了二十多家美国公司的会议管理方式。在一家极具代表性的公司里，仅管理高层会议便已经花去了约3000000个小时，相当于一名高管全职工作144年。

当然，在公司中，我们很难估算大多数会议所做出的成果，即创造的效益。但冗长的决策性会议已经成为很多公司效益低下的重要因素。

美国一家著名统计公司的 CEO 莱恩·富勒说："人们往往不认为一个人的时间有金钱价值，或者会议有实际成本。但如果每个人都清楚和更关注时间的价值，一家公司就会提高效率，盈利能力就会大幅度地提升。"对此，他也提出了减少会议的四种方式。

1. 限制多余的管理者出席。富勒说："如果同一部门或者职能单位内，有两个以上的管理级别，这意味着有些人只是在听命行事。他们不参与决策过程。因此，真的有必要让他们放下手头的工作去出席会议吗？"他注意到，许多公司会在会议结束后发放会议记录，其中会详细说明会议的具体情况，"发放对象甚至包括出席会议的人"，"那些只需要知晓情况的员工可以等到有时间的时候再去读会议记录。"

2. 制定会议时间预算。富勒建议："计算出整个团队每周花在决策性会议上的时间总和，之后有针对性地把这个时间缩减 10％或20％。这会迫使你认真考虑哪些会议可以取消。"

3. 避免时间碎片化。许多公司会间隔 30 分钟或 60 分钟安排会议，但富勒提出，大量研究表明，人在被打断之后至少需要 15 分钟方能重新集中精力，"如果在下一次会议之前的时间不足一个小时，那就很难保持高效率。"他建议，尽可能地安排连续会议，使得每个人每天都能有一大段时间不被打扰，集中精力做好自己的实际工作。

做决策，本来是考验管理者管理水平的一项重要指标，当然在特殊的原因下，需要靠开会来做决策时，一定要简化会议，别让决策成本过高。一般来讲，简化决策会议，你可以遵循以下原则：

1. 那些小的，无关紧要的决策，能用不开会去商议，便坚持不开，你可以选择邮件、短信群发等信息直接传达；

2. 开会一定要事先明确会议主题，主题之外的内容一律免谈；

3. 决策会议能站着就不要坐着开，不预备茶水等物品；

4. 会议必须要做出决定，要避免无所谓的讨论；

5. 相同的决策内容，绝不召开第二次会议；

6. 决策会议前，一定要明确需要发言的人员，每个人发言的时间不超过两分钟；

7. 事先做好准备，用书面发言，严禁东拉西扯、信口开河；

8. 尽量开小会，勿要开大会，到场人员越少越好；

9. 会议的决策、重要信息和精神，要以 E－mail、短信等形式通知相关人员即可；

10. 安排专门人员掌控发言时间、会议总长，到时限立刻结束，绝不拖沓；

11. 会议上做出的决策，会后必须追踪检查，落实到位。

要知道的是，冗长的会议并不一定能形成好的决策，管理者本人要提升自身的素质，完善知识储备，思维要时刻跟上市场发展趋势，尽量削减决策成本。也就是说，当管理人员的素质达标时，宁愿花一小时决策，也不花一小时开会。这就要求在做决策时，管理人员一定要做出判断，这个会议要不要开，有没有价值，尽量开有价值和有意义的会议。

一锤定音，发挥领导者的权威决断力

对一个公司来讲，要简化决策，成本最低的一种方法便是让管理者发挥独有的权威决断力，一锤定音，不靠冗长的会议去做决策。当然，这对管理者自身的素质要求是极高的。否则，这种"一锤定音"式的决策很容易因为缺乏专业性或因某个方面考虑不周、不全面等原因而发生决策性的失误。

在两难的抉择中，敢于决断是一个人成功的关键。为了预防决策失误，一个管理者在做决策之前，首先应该保持冷静的头脑，运用全部的常识和理智慎重地思考，如果发现好的机会，就必须要抓紧时间，马上采取行动，一方面可以减轻决策成本，最重要的是可以保证公司不会贻误时机。

惠普公司选择马克·赫德接替费奥莉娜出任首席执行官，这一举措关系重大。赫德几乎丝毫没有改变费奥莉娜的战略组合以及原来的团队，就把费奥莉娜沉重的失败变成了巨大的威胁。当费奥莉娜在 2005 年初被解雇时，在她领导下完成的对康柏公司的收购被看成是一次糟糕的战略决策。整个公司一团混乱。那段时间，惠普公司的股价一下子跌了近 15％，而竞争对手戴尔公司则猛涨了 90％。公司的士气变得极其低落。

走马上任两个月之后，赫德马上就"把注意力转移到了重建的基础上"。取消与康柏公司的合并不是一个选择。但是，华尔街建议惠普公司做出战略转变的呼声则是日益高涨。把利润微薄的个人电脑业务从利润丰厚的打印机业务中剥离出去，这是大家讨论最多的一个方案。但是赫德判断后认为，在经历了多年的动乱之后，惠普人不需要另一个新的愿景。他们需要的是全力以赴地工作，解决现在业务中棘手的问题。

赫德的领导哲学和个性与费奥莉娜有着天壤之别。费奥莉娜是名人，她把自己看成是惠普公司引人注目的代言者。她不停地谈论着对惠普抱有的宏伟愿景。她在全球飞来飞去，出席各种会议，高调地发表演讲。但是，她渴望被关注的风格，还有拿不出手的结果的失败，让员工和投资者都远离了她。

赫德是个注重实干的人，他很快地受到了惠普人的欢迎，因为他与费奥莉娜不同，他避免成为公众注意的焦点，集中自己的全部精力来解决内部问题和取悦客户。然而，正是这种不喜炫耀的风格和务实的态度，让他能够在费奥莉娜失败的地方取得成功。在完成与康柏公司的合并后，惠普公司已经解雇了 2600 人。现在，赫德决定再裁员 1500 人。他还从外部聘来了几位能力极强的高管，并将削减成本作为当务之急。如果换成是另一位领导者，可能会觉得这些举措太过俗套了。但是赫德坚持自己的看法，并且继续与新同事们一起努力。他专注于基本要素，兑现了费奥莉娜未曾兑现的许诺。公平地说，赫德是收获了费奥莉娜的战略决断的果实，包括最终开始所带来的收购。

什么时候需要拍板定案？这对一个管理者来讲是一个非常重要的考验。条件不成熟就匆忙决断是极为冒险的行为，会犯"冒进"的错误；条件成熟了却拖延不决，优势就会变为劣势。把握时机，当机立断是胜利之本。在这一点上要遵循"过度"原则，要审时度势，善于把握时机。

管理者的"独断"能力，不仅仅表现为一种风格和作风，更是一种胆识和求实的勇气。现代管理工作，"谋"是专家智囊、组织成员智慧的群体活动；"断"是管理者本身的主要职能，也是决策的责任原则。要发挥决策者的权威决断力，就要让决策从"凑议"转变为"审议"。

"凑议"决策即集体领导决策。这种方式要通过开会商讨，但决策成本相对较高。为此，这种方式可以用来处理眼前的、极为单纯的问题。另外，通过"凑议"方式对复杂的、联系广泛的、具有战略意义的问题进行决策时，由于决策的成败与参与决策的成员没有直接的利害关系，要使他们人人竭尽全力追求最佳效应极为困难。另一方面，决策成员对自己的表决结果不承担风险，不负实在的责任。最后，由于管理的核心"集体把关"，使公司中一些参与谋划的部门的职能被闲置，这也是一种资源的浪费。

"审议"式的决策就是议题确定之后，责令专人或者职能机构进行调查论证，准备议案，并在会前将议案通过决策参与者进行酝酿，然后正式地提交会议讨论进行审查，做出决定的决策方式。讨论和表决情况均须记录在案，决议案应成文、归档。责任原则为"审议式"的灵魂。在追究个人责任时，应注意三个方面：因调查和提供的情况有误，导致决策性的错误、造成工作失误和偏差的，应该追究议案准备人的责任；因盲目赞成或者反对某项议案而导致决策错误和工作失误的，应该追究决策成员的个人责任；在执行的过程中，因背离决策精神造成工作失误的，应追究执行人的责任。最后，在落实责任的同时，对在正确的决策中起重要作用、工作取得突破性进展的决策参谋人员的个人功绩，要予以肯定和鼓励。

要将"审议"付诸实践，必须正确地处理集体管理与个人责任的关系。管理者既要对全局负责任，又不能擅自处理应由集体决定的重大问题；既要服从集体意志，又不能不负责任地把自己职责范围内的事情推给集体来讨论。在来不及实施提案审议程序的非常情况下，管理者要以对集体负责的精神，主动、果断地处理问题。

不要轻率做决策，科学论证不可少

我们强调决策要简单，但并不是说让管理者仅凭心情、经验想当然地拍板定案、盖棺定论，轻率地做出决定，这往往会产生意想不到的严重后果。要知道的是，一个周全、完善、科学的决策，是要经过调查、论证、反复比较等几个步骤之后，才能够制定出来。这样的决策实施的成功率也比较高。如果决策者独断专行，单靠自己的主观臆断进行决策往往会导致最终的失败。

史玉柱在反思巨人集团决策独裁的危害性时，曾这样描述公司的决策机制："我一个人说了算。巨人集团设立了董事会，但那是空的。决策由总裁办公会议做出。这个总裁办公会议可以影响我的决策，但是却左右不了我的决策。基本上，我拍板的事情，就这么定了。"他还进一步分析说道，"在巨人集团股份中，我个人占了90％以上的股份，其他几位老总都没有股份。因此，在决策时，他们极少坚持自己的意见。由于他们没有股份，所以他们无法干预我的决策。现在想起来，制约我个人决策的机制是不存在的。"这种几近于独裁的决策机制，在创业初期能够充分发挥其决策高效的长处，但随着企业规模的扩大，决策机制变得复杂，个人的综合素质不足以完全担当时，缺乏一种集体决策的机制，尤其是缺乏干预错误决策的机制，企业的运行就相当危险了。

史玉柱承认，兴建巨人大厦是自己头脑发热的结果，非经济因素占了上风。兴建巨人大厦的构想始于1992年，当时只准备盖18层，作为巨人集团的办公用房。在1993年，一位企业领导来参观，看到楼的位置非常好，便建议把楼盖得高一点，转到开发地产上面。于是，史玉柱便自己决定改为 28 层。后来，又听设计单位说，多加 10 层对地基影响不大，而且可以超过广州准备兴建的 60 层的全国最高的建筑，所以设计又改为 64 层。1994 年初，又一位领导要视察巨人集团，史玉柱觉得 64 层有点犯忌讳，便打了电话给设计单位，当被告知加高对地基影响不大，他当即拍板又改成 70 层。当时便有记者评论说，史玉柱这哪里是在做决策，完全是"烧昏了头"的举动。

单独拍板做决策，并不是一时头脑发热，立即决定的行为，而是要通过权威部门对你的决策进行科学的论证、公正的预估和评价，这是保证科学决策的重要前提，也是方案择优的根本依据之一。

现实中，有些决策看起来很合理，但进一步思考所有满足的条件后，就会发现各种条件有相互矛盾的地方。在做出最终的决策之前，对每一个备选方案的实施后果进行客观、公正的预估和评价，这是既保证决策科学性的重要前提，也是方案择优的根本依据之一。如果对某一方案的实施后果做出了错误的估计，那么往往会导致决策的失误。

"二战"时，德国对英国进行连续性的轰炸，当时英国皇家空军力量比较弱小，战斗机数量仅为德军对英作战飞机的七分之一。为了缩小英国作战飞机与德国在力量对比上的弱势，英国皇家空军司令部作出了"尽可能多地使飞机处于飞行状态，至少不低于 70％"的决策。

从表面上看，在英国飞机总数与德军飞机总数悬殊的情况下，尽量增加空中作战飞机数量会大大地缩小英国皇家空军的作战劣势，效果似乎是显而易见的，但事实却相反。因为处于飞行状态的飞机数量增多了，被德军飞机击伤或击落的可能性也会随之增大，最终结果是能在空中作战的飞机反而越来越少。

决策做出后，英国马上意识到他们对决策后果的预测是不正确的。因此，他们及时进行了决策调整，使35％的飞机处于飞行状态。因为经过研究，这是一个既能保证全部飞机飞行的时间最长，又能够保证每个战斗机组的战斗力最强的比例数。果然，在两军总体力量对比悬殊的情况下，英国取得了较为满意的也是最佳的战果。

可见，正确地评估决策后果，对于实现决策的科学性是十分重要的。因此，在管理中，管理者不仅要做出正确的决策方案，还要对决策进行充分的科学论证，并对决策的后果进行恰如其分的估量。

其实，任何方案都是需要论证的。所谓的论证，就是在不断地搜集信息的基础上，对方案提出质疑并进行完善的过程。所以，民主决策的实质是充分调动各方面的积极性，让他们充分发表意见，特别是反面意见。作为决策者要有海纳百川的心胸，认真对待不同意见，并吸纳正确意见对方案进行修订，甚至推倒重来，确保决策方案的优化。只有这样，其所做出的决策才是最好的决策。

对决策机制进行改革：由上而下，变为自下而上

那些实现"员工创客化"改革的公司，其内部的决策机制也要打破。原有的企业决策权一般集中在经营者或高层管理者等少数人的手中，企业家往往把企业当成个人的，其所有权、控制权和决策权都控制在自己手中，这种集权制抑制了员工的创新性，无法激发基层员工和企业组织的活力。员工无法参与决策，"人"依然是企业的工具，他们都依附于货币资本。对此，管理大师哈默在《等级制度的隐性成本》一文中指出："真正导致员工敬业度低下的是集权造

成的压抑。大多数公司都是由领导往下逐级授权，普通员工没有决策权。"因为经营者价值优先，价值最大化，这种经营模式无法很好地调动人的积极性，最大限度地激发人的潜能。企业的整体运营也会僵硬化，缺乏灵活性和改革性。而当员工成为企业的动态"合伙人"后，就要打破原来固有的权威体系。既然员工成为企业的"创业者"或"合伙人"，那就要将决策权全权下放给员工。对此，张瑞敏提出"让渡"权力，不是完全授权。而是从过去的股东价值优先，走向了员工价值优先。人人成为价值创造的中心，人人能参与企业的决策，每个员工都是一个决策者，参与治理，实现共治，才能达到共赢，最后实现共享。

要实现共治，首先是要让渡三种权力：决策权，让小微主根据瞬息万变的市场做出及时的决策；用人权，让"圈主"决定圈内人员的去留；分配权，让小微生态圈有机会与企业一同分享超过正常价值的增值部分，实现与企业的共享。

三权让渡，实现了"从企业家的企业到企业的企业家"的转变。过去靠老板的智慧，现在靠群体的智慧。这也是整个企业领导力问题的一大转变。

张宇是一家纺织厂的老板，主要以经营毛巾、布匹等家用纺织品为主。因为近几年出口下降，人力成本的增加以及市场需求的萎缩，企业毫无利润可言，已处于濒临倒闭的状态。张宇急了，请来专业经营人员对企业进行改革，以予挽救。

这位专业人士进工厂后第一件事，就是将企业内部的生产人员和营销团队进行合并，并进行重组、分成小组。他给每条生产线上配备两个市场销售人员，让他们组成一个小分队，进行自主经营。即由两个销售人员通过广告营销的方式去拓展销售渠道，并将决策权全权交给他们，即生产什么品种、什么花样，全部由小组内部人员根据市场需求商议进行。当然，每个小组的人员薪酬全部由他们所创造的利润中来，公司与每个小组进行五五分成制。如此一来，便调动了所有员工的积极性。

老板对此说道："以前工厂生产什么、什么品种，都是由我一个人决定，现在把决策权全权下放给员工。员工完全根据市场来决定生产计划，这样就使整个企业充满活力。以前所有的责任都由我一个人负担，而当下所有人都担有重责。企业内部由过去单一的、自上而下的行政命令权威转变为多元的、纵横交错的权威体系，这就是共同治理。"

这家纺织厂采用这种模式后，在第一季度，便从根本上扭转了企业由亏转盈的危局。

这种将决策机制由原来的自上而下，变成自下而上的模式，从本质上讲，就是让市场去主导员工，让员工去做决策。那么又一个问题来了：权力都给了员工，企业内部无人管理，会不会造成大的混乱？

对于这种问题，我们给出的解决办法就是，将所有原来的职能部门全部取消，形成一个大的平台，包括财务部门、人力部门、信息部门、法律部门等。

我们现在将之前的企业架构完全打乱拆分，变成两个平台，第一个叫作共享平台，比方财务共享平台，在全国所有大企业包括央企中，我们财务人员占比最低，因为不需要财务人员天天算账。共享平台的目的是做什么？就是四个字，活而不乱，这个平台上每个人可以自由行动但不会让你乱。

第二个平台叫作驱动平台，驱动平台就是四个字：事先赌赢。这个项目能不能行？如果行就必须有路径，要做到行必须开放。

事实证明，将决策权完全下放给员工，我们的企业并不会乱套，反而企业每个人都是创业者，每个人都在努力创造价值。

降低内耗，简化公司的人际关系

"办公室政治"、复杂的人际关系等是导致公司执行力低下的一个重要方面。可以试想，公司内部人员若总是尔虞我诈、内斗激烈，那么员工如何安心去搞工作、专心去做研究呢？要知道，在公司中，员工是价值的主要创造者，如果他们总被复杂的人际关系搞得心烦意乱，那无疑是在无形之中吞噬企业的利润。

马强自科技大学毕业后，便到一家电子科技公司做了程序员。当时的马强意气风发，想要大干一场。可是到公司之后，其内部复杂的人际关系使他陷入了苦恼。

马强属于技术部，公司内部人事结构复杂，有两位经理，这两位经理看似和善，却总是暗暗较劲。两人为了争业绩，暗地里拉拢公司内部的程序员和业务员，如今公司已经被这两位经理搞得乌烟瘴气，每个人都在私下里谈论两人的明争暗斗。刚任职三个月的马强，还没完全搞清楚公司内部的所有人员，便被其中一位经理叫去谈话，意思是要拉拢他。可毫无职场经验的马强只想一门心思搞好自己的本职工作，不太愿意掺和这种复杂的人事纠纷，于是，丝毫不顾及那位经理人的拉拢，最终受到了同部门同事的各种责难，这让马强很是失望和难过。

当然，让马强感到难过的，并不是实际工作的繁杂给他带来的痛苦。他本人非常喜欢这份工作，甚至过长的工作时间也不是什么问题，使他觉得疲惫不堪的，使空气都变得浑浊的，是充斥在身边的那些情感暗流、闲言闲语和背后攻击。在新的环境中，他感到自己无法立足，没有人喜欢自己，周围的同事已经开始对他指指点点。

复杂的人际关系、乌烟瘴气的工作氛围，能分散人的精力，致使企业内耗严重，并且这种内耗所造成的损失是不可估量的。所以，身为管理者，一定要从管理入手，简化公司的人际关系，营造简单、单纯的工作氛围，创造简单的交往方式与沟通方式，员工就不会整天为鸡毛蒜皮的琐事而大伤脑筋，就不会因为负面的情绪而影响心情。

一般来讲，公司内部人际关系复杂，内耗严重，多数是管理上出了问题。为此，身为管理者要简化公司人事关系，具体可以从以下几个方面努力：

1. 无内耗。如果同事之间、上下级之间或者部门之间相互打压，产生内耗，一定是他们的上级有问题，因为上级没有分配好责权利。如果分配好了，不但不会有内耗，还应该产生合力，会产生一加一大于二的效果。

2. 摈除猜忌。若有问题、有意见，应该当面说出来，一切摆在桌面上说理，而不是相互猜忌，让人不知道哪些话是真的，哪些是假的，造成沟通障碍。

尤其是要摈除员工打小报告的毛病，希望大家都当面指出对方的错误，或者提出反对意见，并通过理性辩论来找到共同点。

3. 无打压。上级是否允许下级提出反对意见而不会打压提意见者？通过这一点可以窥见领导的智商。如果上级太过愚蠢，他一定会为了面子而无法容忍任何人提出的反对意见。

观察一个团队，如果在开会时只有上级一人在发言，下级都是在洗耳恭听，那么，我认为这个上级一定不够聪明，因为他没有能力利用团队成员的智慧。

如果在一个畅所欲言的团队中，某个下级从来没有向上级提出过反对意见，那么就可以认为其欠缺独立思考的能力。

4. 无帮派。如果一个组织内有帮派产生，那一定是因为领导太多，或者是责权利不明确。消除帮派最好的办法包括两条：第一，不设副职。所有部门只有一个领导，一切都由他负责，那出了问题自然是都由他承担。第二，减少管理者，增加做实际工作的人员。干部太多就会闲得无聊、争权夺利。

5. 无亲信。身为管理者，如果你发现哪位领导培养亲信，以便让对方能成为自己的“利益维护者”，那么，这样的领导应该要立即开除。身为管理者，应力求所有的员工都受到同样的尊重，没有亲疏之别，一切拿业绩说话，而不是看与领导的关系。

6. 消除奉承。一个公司中，员工向上级拍马屁是一件十分危险的事，因为上级的第一个反应是：“你是不是做了坏事而想贿赂我放过你？”或者“你是不是业绩不行，想让我给你网开一面？”道理很简单，你要贿赂领导，最好的办法是做好业绩，让领导多拿奖金。

7. 无感恩。我认为感恩也是一种精神负担。在工作中，我们要根据员工的业绩给予相应的物质回报，而不是让我们无私奉献。工作关系、劳资关系是利益关系、买卖关系，大家应该谁也不欠谁的，否则就有失公平。我们不喜欢将感恩关系带入工作中，那样会让公司的发展“为情所困”。

总之，要简化人际关系，首先要从管理者开始。如果管理者本身不能容忍能力超过自己的同事和下属，狠狠地打压而非鼓励出类拔萃者，那么这个团队的效率一定是惨不忍睹。另外，团队还应该明确每个人的分工和考核标准，明确利益只和绩效挂钩，绩效才是硬道理。

在公司内部导入良性的竞争机制

我们知道，公司内部因人际关系复杂、执行力低下，要想从根本上解决这个难题，一个根本的方法就是在公司内部引入良性的竞争机制，这个竞争机制要体现出科学、公开、公平、公正、优胜劣汰等竞争原则，这样方能大大地提升企业内部的活力。

只要是有组织、有团队的企业，其内部都不可避免地存在竞争。员工与员工之间，管理者与管理者之间，员工与管理者之间，都存在着竞争关系。

其实，竞争分为良性竞争和恶性竞争。而恶性竞争则是为了个人或者部门业绩的高低而采取排挤、陷害等不正当手段，去拖其他人或部门的手脚，导致对方业绩下降。这种恶性竞争只会导致员工士气下降，不将主要心思用在工作上，一门心思搞阴谋诡计。良性竞争则与之相反，是指员工内部人与人之间相互竞争进而相互促进，共同提高，没有因为内斗而产生内耗。

而管理者的职责就是要遏制员工之间形成恶性竞争，积极引导员工之间的良性竞争，从而在企业内部形成科学、公开、公平、公正、优胜劣汰的竞争机制，十分有利于激发企业内部员工的工作积极性与创造性，提高企业总体的战斗力。

管理大师，通用电气公司前 CEO 杰克·韦尔奇就推崇在企业内部导入分组竞争机制，具体方法为，将公司每个部门划分为若干个小组，每天或者每周都公布成绩排行榜，月终总结，表彰先进员工，激励落后员工。

比如，管理者可以在每个部门这样分组，以业绩为横轴（由左向右递减），以组织内达到的这种业绩的员工的数量为纵轴（由下向上递减）。而业绩排在前面的 20% 的员工为 A 类，中间的 70% 的员工为 B 类，业绩排在后面的 10% 的员工为 C 类。每天对每组的员工给予记录，每月进行总结，韦尔奇将三类员工区别对待，给 A 类员工以奖励，并努力帮助 B 类员工转化为 A 类员工，而对于不能胜任工作的 C 类员工，公司将不在他们身上花更多的时间。

如果这样，就可以在企业内部形成良性的竞争，调动每个员工的工作积极性和主动性，使他们努力上进，自觉学习和提高自身的技能，降低内耗，有利于企业的整体发展。

在现实的管理过程中，在企业内部导入良性竞争机制，则主要可以采用合适的激励手段。单纯的激励，有可能会引发恶性竞争。比如，管理者的考核指标中如果只有业绩，或者业绩占绝对作用的话，员工就会争相在提高个人业绩上面下功夫，有可能就会引发恶性竞争。如果考核注重团队合作、工作态度等方面的奖励，同时，还注重员工个人价值的实现、职业生涯规划、企业的愿景等方面去鼓励员工，而不仅仅是金钱或者职位的刺激，学着从精神层面去刺激员工产生工作动力，从考核方面给予员工压力进行竞争，最终则会形成良性竞争环境，这样就有利于员工将主要精力用在工作上，而不是内耗上。对此，可以尝试从以下几个方面着手去做：

1. 建立良性的企业竞争文化。

企业应该鼓励企业成员能够不断地以突破自己为荣，通过绩效考核的方法去激发团队成员的创新氛围，比如引入平衡积分考核的思维，不仅仅关注员工的短期绩效水平，更着眼于员工因为创新思维而带来的长期效益。而这种激励除了适度的物质激励之外，更多的应该体现在精神层面上面，包括一些公众场合的鼓励，活动的嘉奖等。

2. 适度引入外部的新鲜血流，刺激内部的竞争氛围。

企业内部良性的晋升制度有利于激发企业成员对企业的归属感和奋发向上的晋升斗志，但对于一些企业而言，这种"近亲繁殖"的方式可能会导致企业内部处于一种文化停滞的状态，因此，适时让一些空降兵进入企业有利于企业内部的活力激发。

管理学中有一个"鲶鱼效应"，而团队中的"鲶鱼"式的人物设计是十分重要的。总是不断地质疑，总是不断地提出新思维，总是激发一种思维冲突和碰撞的人物，既可以内部培养，也可以外部引进，关键是这个人的这些行为需要获得公司领导的认可和鼓励，从而带来企业内部的良性冲突氛围。

3. 适度地放权，推行扁平化管理，增加员工的自主意识和能力是企业保持活力的有效方式。

让员工从被动地被管理到自我的主动管理，能够有效地提高其满意度和创新精神。现代企业面临着越来越残酷的市场竞争，而传统的"金字塔"式管理模式越来越凸显出市场竞争的不适应性，诸如管理层级过多导致决策反馈缓慢，管理成本过高，员工的参与热情较低等，而扁平化管理可以很好地解决上述弊端。但是扁平化管理的最大缺陷是对员工的工作主动性和自我管理意识要求比较高，因此在企业进行扁平化管理时应强化对员工的自我管理能力培训，同时建立内部竞争机制，组成各个业务单元，激发内部的良性竞争氛围和适度的冲突机制，通过冲突来激发员工的工作斗志和激情。

明确责任，责任唯一：一切拿报表说话

一个男孩买了一条裤子，穿上后发现裤子太长了，于是他就去找奶奶，但奶奶说她现在家务事太忙，分不开身，让他去找妈妈。小男孩找到妈妈，妈妈说她已约好了别人去玩桥牌，小男孩又去找姐姐，姐姐也有个约会，时间就快到了。小男孩带着非常失望的心情入睡了。

奶奶做完家务事，想起了孙子的裤子，于是就将小男孩的裤子剪短了一截；妈妈回来后，也剪短了一截；姐姐回来后同样又剪短了一截。不难猜想到，小男孩的裤子会变成什么样子。谁应该对这个结果负责任呢？

看，要么都不管，要么都来管，管理流程毫无章法，混乱不堪，结果造成原材料浪费，使产品在质量和价格上彻底失去市场竞争力。

实际上，很多公司的情形比故事中描述的状况还要糟糕，因为责权的不明确，使事情人为地复杂起来。要么谁都不管，要么谁都来管，结果就是一团糟。这是企业部门职责不清、工作岗位的职责不明确所造成的，如此就不要责怪员工没有高效地完成任务。公司中相互推诿、扯皮的事情越多，人际关系就会变得越来越复杂，而这一切都是管理失误造成的。

对于此类问题如何解决？那就是给每个部门分发经营会计报表，在企业内部或部门内部展开内部交易，透明式经营，用报表说话，清晰各部门的责任，改造企业内部的文化。具体来说，你可以从以下几个方面着手：

1. 企业主或管理者要将公司的营销、生产、研发、采购、物流等部门进行独立核算，引入内部交易机制，让每个部门单独算账，确立与市场或利润挂钩的部门核算制度。然后给他们制定简单、通俗，且能一目了然反映实际状况的数据报表，能够清晰地将企业部门内的现状看清、看透。

2. 当企业、各部门都配有这样的经营会计报表之后，所有的问题就一目了然，哪里出了问题，是哪个部门的责任都一清二楚，大家再也不能够推诿扯皮了。比如说，如果公司当月的经营利润计划为600万，实际上只有540万，我们就可以在总的经营会计报表中分别分析"销售额""销售成本""促销费""赠品费用""制造成本""采购成本""物流费用""人员工资""办公费用""资金使用费"等各项费用的增加或减少，对于当月经营利润产生的是正面还是负面影响。企业老板带着各个部门负责人一起分析，明确每一项任务对于每个部门的责任，让责任无法推诿。具体的报表制作最好能详细到人，哪里出了问题，就去找谁。

3. 保证每个报表数据的严谨性。如果做不到这一点，那么报表便无法真正地发挥作用。保证数据严谨的关键是管理者严肃认真的态度。各部门对报表数字必须要有严谨、追究到底的精神。有了这种严谨，才能提升每个员工的责任感。

4. 及时从经营报表中发现问题。从部门表报中发现本次销售额没有完成到底是哪个部门的责任，该部门下一步就要开始做改善计划，进而使整个生产线进行循环改善。

让打电话变简单：避免干扰，就是在创造效益

每个人工作中都离不开要打电话，每个人每天几乎都会接打电话，多的甚至十几个、几十个。不管是有效的还是无效的，不管是主动的还是被动的，电话时间占据了我们生活的主要领地，如果不进行简化，我们的时间和精力将被占据，生活和工作就难以达到简单和高效。

有一次，在万经理的办公室里，他的电话刚好响了起来。他拿起电话便立即咆哮起来："这鬼电话一天到晚地响个不停！我都没办法集中精力做事情了！"然后又开始了一段长达半个小时的电话交谈。等他终于挂上电话时，看起来既沮丧又精疲力竭。

下一个电话又响起来时，他不得不向与他面对面交谈的客人致歉。后来，他自己也承认，很多事情都必须要他亲自来处理一下，他不得不去接听大量的电话。当时那位客户问他道："难道所有的来电都是必须当下要处理的事情吗？难道我们控制不了通话的时间吗？"他则又是一脸的愕然。

之后，他又做了一个小小的改变，每天有固定的两个小时他不接任何电话，集中精力处理事情。让秘书把来电一个个地记录下来，并按事由进行删选，确定回电的先后顺序，等在车上或等人时零碎的时间回电，同时，他尽量把通话时间控制在三分钟内。这个小小的改变，让他松弛下来，工作状态变得非常好，效率得到了极大的提高。

每天给自己一段没有电话的时间，你会发现，没有那么多事情

是非要立即解决的，这样你的工作环境就会变得简单起来。

日本一项专业的统计数据表明："人们平均每8分钟就会受到1次打扰，每小时大约7次或者说每天50～60次。平均每次打扰大约为5分钟，每天总共大约4小时，也就是约工作时间的一半。其中，有3个小时的打扰是毫无意义或者是极少有价值的。同时被人打扰后重拾原来的工作思路平均需要3分钟，总共每天大约为5.5小时，依8小时工作制算，这占据了工作时间的68.7%。"

在华为，许多员工的笔记本上，都用红笔赫然记着"打扰是第一时间大盗"。电话干扰作为一种主要干扰渠道，给人造成很多时间的浪费，直接影响时间管理的高效性。通常，高效人士解决这种干扰的方法主要有集合电话和阻绝干扰两种。集合电话，即是指上述事例中万经理的处理方式，即将电话集中起来统一处理。而阻绝干扰，即指通过过滤电话的方式，最大限度地阻绝干扰。一般可采用以下五种方法来过滤电话。

1. 在接电话时，要事先明白电话是谁打来的，尽量过滤掉那些骚扰电话。如果事情很重要，无论电话是谁打来的，你都可以稍后再打回去。如果有可能尽量由秘书回答来电者的需求，并记下有关信息。例如，"你稍微等一下，我翻一下我们的档案。"

当然，在面对那些不请自来的电话，比如花样百出的推销、朋友无病呻吟的倾诉、客户们虚情假意的应酬等，切勿因碍于情面便纵容他们讲下去，而一定要用礼貌的方式，立即打断他们。

要知道，简化你的电话，是为了让自己集中精力，提高工作效率。为了避免电话干扰，你可以在上班之前，尽量打一通电话，处理好你的私人事情，这样可以让你在工作时间集中精力去关注工作中重要的事情，轻松地完成最具挑战性的项目。如果有必要的情况下，你可以选择在上班时间关掉你的手机，这样能使你更好地集中精力投入工作。

在打电话时，要尽量地控制打电话的时间，与人谈工作时，最好能够开门见山、直奔主题、言简意赅，否则不要轻易拿起电话。你会发现，这样你的工作就会变得高效起来。

2. 通过"转接"方式节省时间。如果自己无法处理电话中的问题，要将电话转给团队里其他能够提供帮助的人。比如，你可以说："我们的企划主任今天下午正在着手这个计划，要不要我把您的电话转给他？"等等。

3. 通过"暂缓"方式节省打电话时间。如果遇到只有自己才能处理的状况，尽量请秘书试着写下留言，避免使自己受到打扰，可以在固定的时间里再去处理。秘书可以采用这样的话来暂缓干扰："我想他 11 点左右就可以回你的电话，这样可以吗？"

4. 采用"速办"方式节省干扰。如果来电者合乎事先约定好的原则，紧急事或者重要人物的电话可以直接接听，速办可以把时间压缩得更短。如果我们没有秘书，那么可以选择与同事互相帮助接电话，或安装留言系统。

5. 将电话转移到视线之外。如果有开关你可以暂时切断，或将电话移到视线以外，在重要时间里可以选择阻绝干扰，很多人会拔掉电话插头或关机，甚至把工作带到没有电话的场所去处理。

总之，简化沟通方式，让打电话变简单，可以有效地使你的工作高效起来，这也是消除"过度"管理的一种方式之一。所以，现实工作中，针对自身的工作情况，制定出属于自己的一套简化的沟通方式，可以有效地提升你的工作效率，这也意味着你的工作效益在不断地提升。

第九章

简化制度：
别让企业背着沉重的"包袱"前进

在一个组织中，管理制度是一切行为的重要指引，制度是有效管理的依据。可在现实中，许多企业为了使员工的行为得到有效约束，便制定了极为复杂的制度，比如事无巨细，对员工从头管到脚，除了复杂的日常管理体系外，每个部门还制定出了属于自己的管理法则。比如战略管理、决策管理、采购管理、生产管理、安全管理等企业管理的方方面面，可这些复杂的管理制度，很多时候都是一种摆设，没有拿出来真正实施过，这削弱了制度的权威性，这一方面约束了员工的创造力，同时也容易使管理陷入混乱状态，这属于明显的"过度管理"。实际上，对于一个组织来讲，好的制度是灵活有效的，它既能有效地约束员工的不良行为，又能最大限度地激发员工的工作能动性，同时又不失"人情"，这样才能使组织焕发出活力来。

将那些僵化的制度——"废除"

一位资深的企业咨询顾问说："那些大树上细小的枝干就是企业当中的复杂，也是利润的主要侵蚀者。比如，冗长无聊的会议、做表面功夫的培训、无效沟通、各种对企业无关紧要的琐事以及那些或形同虚设，或限制员工发挥潜能的规章制度等。如果能将那些抢夺'利润养分'的旁枝细干大刀阔斧地砍掉，所有的养分就能让果实吸收，那么，果实一定会又大又甜。"这告诉我们，"复杂"是吞噬企业利润的"魔鬼"，当然，这其中也包括管理制度的复杂。

管理学大师迈克尔·波特指出："经理人爱将能简化的管理制度搞复杂。"——因为复杂的制度可以让经理人看上去更专业、更重要，可以使经理人向经营者证明对自己高额成本投入的合理性，可以为办事拖延找到借口，可以为了逃避责任提供理由。可是，对企业而言，很多复杂的管理制度使企业变得僵化，使富有活力的员工变得死板，使流程变得复杂，使沟通变得低效，使产品变得缺少人性化。可以说，复杂的制度也已经成为断送企业命运与前途的祸根。

某保险集团公司，自2014年以来内部人员流失极为严重，先是公司一个业绩极好的销售团队离开，随后公司的团队合伙人走了5个，直属单位总部部门级管理人员又走了12个之多。

除了重要部门和重要岗位人员流失严重外，一些企业基层的技术骨干、核心员工流失也十分地严重。后来，这位公司的领导人通过调查发现，人员流失，最主要是因为制度僵化。因为该企业实行的还是十年前的制度措施。就拿分配制度来讲，在十年前，公司创立者为了激励同自己一同创业的"功臣"采用的是平均主义的分配制度，但是，如今公司做大后，这种平均主义的分配制度已经难以吸引到人才，就是暂时吸引到人才，最终也会因为吃"大锅饭"的僵硬体制而辞职。另外是该公司上升空间有限，论资排辈严重。该公司中的重要管理人员，都是当初与创业者一起创业、打江山的人，新来的人才根本挤不到管理层去，就算能力强，也只能拿到少量的提成，想要做企业的合伙人，难上加难。同时，公司中的升迁通道狭窄且受束缚较多，导致骨干员工难以施展开手脚。企业中的一些人评上了销售能手，在产品开发领域评上了技能专家和技术专家，他们想在企业内部搞技改、想做一些项目等，但因为缺乏管理层的支持，很多好的想法始终实施不了。

在这种制度僵化、死板的企业中工作，员工的创造力极难得到展现，更别说去施展自己的抱负和理想了，这样的公司对人才毫无吸引力。对此，每个管理者都应该回想一下，自己的公司里是否有过时、僵化的制度，让员工的能力或想法无法得到施展，使生产流程变得僵化、变得低效呢？要知道，企业要保持富有活力和高效，并且具有创造力，必须要有与时俱进的制度做保障。否则，企业就有可能被制度所拖垮。当然，管理者要使制度为企业保持创新的活力，除了与时俱进不断地废除旧有的制度，积极改进和实施适应现代市场化和有利于企业发展的制度外，还需要注意以下两个方面：

1. 制度要有利于激发企业的创新活力。

实施管理的目的是为了创造效益，而企业的效益主要源于"创新"，所以，企业的制度要为激发企业的创新活力提供有力的保障。即让每个员工都能找到创业的活力，让每个员工虚拟创业，坚决打破流程和部门的约束，建立更多的跨部门团队和创业小组，用生态和投资的理念管理每个部门和每个团队，让每个团队焕发活力，在活力中找到创新的亮点，让这些创新去突破持续性创新的制约，实现破坏性创新。

当然，企业的创新不是通过制度强制地规划出来的，更不是市场部门依市场需求调查出来的，而是通过员工的活力迸发出来的。这就对制度提出了这样的要求：每个员工都要被激励到，最大限度地让他们的内在潜力得到爆发，使员工不是为了工作去创新，而是为了兴趣和快乐去创新，这些员工将成为产品经理、项目经理、方案经理，这些员工将成为公司发展的中坚力量，管理者的使命不是管理他们，而是为他们搭台唱戏，请他们思考和表演，管理者成为他们的服务员。

2. 制度要为每个员工实现价值提供保障。

什么是管理，管理就是资源投入实现价值转化的过程，活力和创新的目的最终要回归价值，这个价值就是客户价值，每个企业在实现客户价值的同时，实现企业价值和员工价值，最终实现 PDCA 的循环。

关注价值的同时要撇开简单的财务提升，每个企业当你看到利润增加和收入提高时，请你不要太早高兴，请思考这些财务指标的提高是否是以客户价值实现为前提？如果你只是因为营销手段越来越好而提高收入，但是客户正在流失；如果你只是由于产品价格越来越高而收入提高，但是客户正在流失，这些价值都是假价值。利用制度为每个员工实现自身价值提供保障，进而为企业创造真价值，这两者是相互承接的。记住，一切的管理都要忘记概念，回归本质。

制度的"复杂"，意味着管理的失控

企业的日常管理，很多时候只是一些琐碎事务的重复。正所谓"细节决定成败"，企业在制定和实施制度时务必要细致、具体，从小处出发，以细节为着眼点。如此一来，企业必将拥有各种各样的制度，一旦处理不好，管理便会变得杂乱无章。

制定制度从小处出发，并不意味着制度越多越好，越复杂越好，铺天盖地的制度无异于作茧自缚。一个企业的制度要具有统一性和一致性，部门制度要统一于企业的整体制度，只能是对企业整体制度的细化、详解和补充，而不能游离于企业的制度之外。涉及与其他部门相关的制度时，要及时地进行沟通和交流。

梳理好公司各项制度的关系，使公司制度成为一个完整的体系，从某种意义上讲，也是对公司制度的简化。倘若公司的各项制度没有明确的归属，重复的制度就会增多。公司的日常管理就会变得纷繁复杂。如此下去，"复杂"会给员工带去消极甚至是厌倦的情绪，什么都要管，处处都要留心，在这样的环境中工作，哪能感受到快乐和自由呢？员工感受不到快乐，工作效益自然降低。从这一点上讲，复杂带来的后果是成本上的，时间、金钱和资源因为复杂而被浪费，会导致成本的飙升，这样的企业很容易被竞争对手打败。

制度上的复杂会让企业丧失机会。因为复杂，你的企业就难以专注于最核心的优势，使你在研发、产品创新、升级换代上面落后于人；制度上的复杂带来的后果在营收上表现为，一切盈利的前提被复杂所破坏，其利润只会寥寥无几。效率低、成本高，产品毫无特色，没有竞争优势，利润被侵蚀等，每一种后果，都是因为"复杂"造成的。而每一种后果，都足以令企业窒息而亡！

身为企业管理者，你需要反思下面的问题：

你的制度是否太过复杂，过于冗长；

你设计的工作流程是否过于复杂而使自己常陷于被动；

你的人事管理是否过于烦琐，而引起不必要的争端；

你是否总是忙于管理，而没有时间停下来好好想想所做的管理工作的必要性，进而陷入管理陷阱；

你是否刻意制造了更多的管理事件，纯粹为了管理而管理。

如果你的企业存在以上问题，那么就要着眼于精简化你的管理制度了。否则，将会使公司陷入低效、混乱、失控的局面。

温州一家皮革公司的老板并非工商管理的科班出身，而是在社会上打拼几年之后，积攒了部分资金，才下定决心创业的。

公司在创立之初，管理十分松弛，发展也是举步维艰。皮革老板在管理人员的建议下，着手完善公司的制度。各个部门积极响应，新的规章制度很快开始实施。管理者们一个个地充满希望，期待着公司的长足发展，可是得到的却是失望。生产中的失误似乎变得更多了，各部门之间的冲突也在加剧。

在这种情况下，皮革老板不得不重新审视公司的制度。他发现公司的制度过于杂乱，某件事情业务部门要管理，生产部门也要管理，某项条款既出现在生产管理条例中，又出现在后勤管理条例中，这无疑会降低公司的运作效率。皮革老板开始对公司制度进行精简梳理，制定出了一个明确完整的制度体系。公司的运作开始走向正轨，仅仅几年，该皮革厂就成为温州的支柱企业之一。

铺天盖地的制度会让管理变得烦琐复杂、杂乱无章，从而降低公司的运作效率。因此，制度设计是必要的，但是关键要有全局性的安排，并以提高效率、增长效益为前提。那种为了盲目追求制度管理而将制度滥用的做法，其实是本末倒置，是制度建设的重大误区，也是"过度管理"的一种表现。对此，管理者要致力于建立一个完整、明确、精简的公司制度体系，才能够发挥制度的效力，真正地提升管理水平。

制度设置要抓重点，要简洁、明确

现实中，不少公司的制度文本拿出来一大叠，厚得像一本书，翻开内文，细细一看，里面啰唆的内容一大堆。原本一句话可以说清楚的内容，硬生生地扩展成一段话，好像写得"丰满"也就意味着制度完善一样，好像上面的字越多，反映的问题就越是全面。

其实，真正好的制度，并不是越复杂、条款越多越好，而是针对一定的问题，将该考虑的方面考虑到，避免有些员工钻了制度的空子。与此同时，制度的表述应该简洁、明确，让大家看得明白，容易执行。

说到容易执行，我们就不得不提及制度的另一个极端，那就是过于简单，过于模糊和笼统，没有具体的执行标准。举个简单的例子：

某公司员工上班迟到现象总是屡见不鲜，有时候甚至过了9点，只有两三个员工准时坐在电脑前办公，多数员工没到公司。十分钟之后，那些迟到的员工手里提着早餐，三三两两、陆陆续续地来到公司，然后他们会打开电脑、聊着天、吃着早餐、看着新闻，这么一折腾，时间差不多到了10点钟，原本3个小时的上班时间，仅剩下 2 个小时了。

有几次，公司领导来到公司，发现很多员工都没有来，于是意识到要解决这个问题。一天，他开会宣布："大家注意了，为了提高工作效率，以后上班都不要再迟到了。"这么一句话管用吗？当然不管用，这句话说出来等于没说。因为这项规定没有监管的负责人，没有任何的惩罚措施。

果然，那些习惯了迟到的员工，除了在会议的第二天做了做样子早到之外，过后又与往常一样，他们继续发扬着上班迟到的"工作作风"……

领导者针对具体的问题——员工上班迟到频繁的现象，做了一个规定：以后上班不要迟到了。这个规定虽然抓住了迟到的问题，但没有提出具体、明确的要求和处理措施，也没有指定具体的监管人，因此，这项规定流于形式，如风中的一团烟雾一般很快就烟消云散了。如果该规定明确指出，以后上班迟到多少分钟要扣发多少钱，考勤制度由谁来具体负责监督实施等，那么效果就会大不一样。

现实中，公司在制定制度的时候，发生这种舍本逐末、表述烦冗或过于笼统、不够明确的现象是非常普遍的。制度的出台，是为了让公司全体成员执行，如果制度条文太过累赘，就会削弱制度的威信。比如，有一家纺织厂的《安全守则》中，有这样一条："公司厂区内不得燃放可燃性或容易导致燃烧的器具。"这句话不够简明，不易被人理解，其实这句话的意思是：厂区之内，严禁烟火。用这种简明的话来提醒，更容易让人记住，使制度发挥出应有的权威性。

当然，在现实中，要使制度发挥出应有的权威性和威慑力，管理者在制订制度时，要遵循以下的几个原则：

第一：简洁、明了。管理者在出台制度的时候，一定要知道，制度是针对全体人员的，要考虑到大家的理解能力，越简单、通俗、易懂，越容易被大家记住，制度越能发挥出应有的管理功效。

第二，简单实用。要知道，制定制度目的是解决现实的问题。工作出现了什么问题，就要出台什么样的制度，这便可以让制度发挥出实用性的功效。比如，在工作中，发现员工总是因为违反操作规程而使事故频发，那就要针对此制定出相应的制度来约束员工的行为。在现实中，一些公司为完善管理，自己凭空去设置种各种制度条款，甚至去照抄、照搬别人的制度，使制度成了一种摆设，大大降低了制度的权威性。还有的公司为了引进所谓的先进制度，生搬硬套地用它来解决公司内部的问题，最终收到的成效甚微，因为每个公司的情况是复杂的，也是不尽相同的，只有真切地找出自身公司内部的问题，才能有针对性地制定出切实可行的管理制度。

第三，突出重点，文字叙述简明扼要，切勿在细枝末节上浪费笔墨。否则，如果长篇大论地论述，或者过多地在细枝末节上计较，会大大地削弱制度的威慑力。

第四，明示制度的惩罚措施。要知道，制度是用来规范人的行为的。而要规范人的行为，必须要在制度中明示必要和具体的惩罚措施。比如，要约束员工迟到，必须要在制度中明确指出，如若迟到，要扣多少奖金，或者在怎样的情况下要予以开除等，这样才能约束员工行为。否则，若制度只有规定，没有惩罚，那就很难起到有效的约束作用。

管理者要灵活掌握制度的"弹性"

一提及利益，人们就会想到"赏罚"；提及管理，就认为不过是制定出一套严密的规章制度，然后再一丝不苟地执行就是了，这就是"以不变应万变"的管理方式。

在一般情况下，这种方式当然无可指责，但这种方式并不是包医百病的灵丹妙药。制度是死的，人是活的，规章可以不变，但情况却不断变化，这就需要管理者灵活地掌握制度的"弹性"。

在执行规章制度时切不可墨守成规、囿于定法，要善于灵活地运用各种原则，善于创造性地运用各种方式与艺术。因为自古以来就是法由人定，凡事变则通，不变则困。古代兵法云："凡战者，以正合，以奇胜……声不过五，五声之变，不可胜听也。色不过五，五色之变，不可胜观也。味不过五，五味之变，不可胜尝也。战势不过奇正，奇正之变，不可胜穷也。奇正还相生，如环之无端，熟能穷之。"讲的是，管理的基本方式不过数种，却相辅相成，变化万端。身为管理者都应该灵活变通，当用则用，当变则变，或因时而用，或因事而变。

刘东是一家公司货物配送部的主管，一天，公司接到客户一个紧急订单，要求配送部加紧包装一批货物，第二天发运。可是偏偏不巧，下午有一场精彩的足球比赛，配送部的小伙子们一个个急得像热锅上的蚂蚁，几十双眼睛可怜兮兮地望着刘东，从眼神就可以看出他们心里想的只有一件事：请假回家看比赛。若是巧妙推理，结果无非两个：第一个是悬以重赏，发三倍工资的奖金，于是"重赏之下，必有勇夫"，大家一致决定留下，心情舒畅地顺利地完成任务；第二个是采取重罚，下午一律不准请假，不上班以旷工论处，扣掉当月奖金，于是"重罚之下，人必畏之"，大家谁也不敢随意旷工，万念俱灰，任务也可以完成。

可是刘东这两种方法却偏偏都不用，他出去转了一圈，回来时手里握着一叠足球门票，宣布："下午专车请大家去看球，晚上全体加班。"于是欢声雷动，结果自不待言。

承蒙刘东的一番苦心，小伙子们就是晚上通宵赶工，也要努力把任务完成。刘东显然精通心理学，也很了解其下属：这帮球迷，无论是重赏或者重罚，都挡不住他们，不要说奖金，就连放弃半个月的工资他们也是心甘情愿的。面对困境，采取顺应人心而灵活的弹性措施，既维护了人的尊严，同时又消除了冲突，保证了上下级之间关系的和谐。

很多时候，制度是死板的、冷酷的，要想保持公司内部上下级关系的和谐，管理者就要懂得灵活地变通制度，在不违反原则的情况下，也让管理充满人情味。这样才能让员工在较为和谐的氛围中工作。

在北京某公司的管理者杨洋也是一位"弹性管理者"。他上任后，改变了经营策略，允许员工将东西带回家自己装配。不管是本厂的员工还是家属亲朋，只要产品达到品质规定的标准，一律按件取酬。于是工人节省了上下班的时间，可以在家适当地照顾家务。工人们欢迎这种方式，他们的劳动积极性得到了大大的提高，工厂的劳动生产率和产品产量也成倍地增长。

企业都有铁一般的规章制度，哪怕企业有严酷的赏罚制度，也难以解决问题。如果固执地"以不变应万变"就难以行得通了，只能以"万变应不变"。这个"不变"就是企业的目标。"不变"这个目标，是企业和个人利益的相统一。只要有利于企业发展，兼顾了员工的利益，方法不妨灵活点，留点弹性。

俗话说，制度无情人有情。一方面管理者要严格按制度办事，另一方面要将执行制度和思想工作结合起来，同时还要把执行制度和解决员工的实际问题相结合。总而言之，管理者的方法是多种多样的，只有善于从实际出发，把握好时机，灵活运用具体的方法，才能获得最佳的效果。

柔性管理是人本管理的核心

所谓的柔性管理，是指以"人性化"为标准，对员工进行人格化管理的管理模式。柔性化管理是相对于"刚性管理"而提出来的。刚性管理是以规章制度为中心，用制度来约束员工，而柔性管理是以人为中心，激发每个员工的内在潜力、主动性和创造性，使员工心情舒畅、不遗余力地为企业贡献出力量来。

今年40岁的张女士是一家外资贸易公司的常务副总经理，在上司的印象中，她做事干练、果敢、刚毅，具有男人一般的气概。但是在下属的眼中，她却是个文静、贤淑，说话细声细气的优雅女上司。如果你是她手下的一名普通职员，没人会相信她就是这个偌大公司的副总，原因就在于，她对下属总是流露出一种和气，却又不失原则的强硬。这便是柔性管理。

一次，她的属下因为一些细节上的失误，得罪了一个客户，使公司遭受了损失。张女士将下属叫到她跟前，问道："你知道仅因为你的一处小小的失误，给公司造成了多大的损失吗？"下属低着头，十分羞愧地回答道："嗯，知道的，大概有500万元！"

"那这件事情是不是该你负责任？"张女士的声音轻柔但有力量，表达毫不咄咄逼人，但又直奔主题。接着，她又说道："损失已经造成，批评你再严厉，也无法弥补这些损失。你还是同你的团队成员商讨一下，尽量将损失减到最小吧。晚上之前给我一个解决方案，好吗？"这位下属已经从张女士的话语中感受到了压力，但又对她充满柔性的话语充满感激。

"好的！谢谢张总的理解。晚上之前我一定把方案发给你，尽量让公司将损失降到最低。"说罢，便两眼泪汪汪地去干活了。

实际上，按照公司的规章制度，这位下属在业务上犯了极为严重的错误。如果是一般的管理者，一定会因为着急而提高音量，并用严厉的、训斥的态度将下属大骂一顿，然后用强硬的方法，依制度办事，让对方卷铺盖走人。可张女士却没有那么做，在整个沟通过程中，她的言行举止，处处流露着女性特有细腻，却又不失果断和严肃。整个对话的过程中，她语气平静、轻柔，但这平静中透着力量，轻柔中透着果断。这让下属在感受到心理压力的同时，对她的柔性管理心存感激，自然会感恩戴德地以努力工作来回报她对自己的特殊"关爱"。

很多时候，公司的制度是强硬的，缺乏人情味的，而管理的本质就是要充分调动员工的工作积极性，激发他们的潜能，而这是制度所无法达到的目的，这就需要管理者在不失原则的情况下，采用柔性管理，挖掘出员工的最大价值来。

有相关机构曾对刚性管理进行了深入的调查，指出，面对冷酷无情的制度管理，员工必然会进行反抗，比如限制产量、直接对抗，或通过工会展开斗争等，尽管有些行动表现不激烈，但是同样会对管理目标造成破坏。而柔性管理则恰恰弥补了制度管理的刚性，使员工获得更为和谐的工作环境，更愿意心怀感激地达到管理目标。

在我国历史上，东汉光武帝刘秀成功地践行了柔性管理的理念。西汉末年，王莽篡政、残虐天下，在民不聊生、群雄并起的乱世危局中，刘秀靠着自己卓越的领导才能，不断地壮大自己的势力，最后推翻了王莽，清除了封建的割据势力，完成了统一大业。在此基础上，他建立了安定的社会秩序，使百姓安居乐业，国家繁荣富强，史称"光武中兴"。

刘秀认为，在管理中应该以柔克刚，即对人要仁德宽厚、广施恩泽、表达厚爱。对待下属，应该宽容豁达；对待百姓，要以宽松为本；对待功臣，要高秩厚礼。刘秀还总结道："吾理天下，亦欲以柔道行之。"从现代科学管理的角度来看，刘秀真正实践了柔性管理。

日本的松下幸之助也十分重视采用柔性管理策略，有一个例子便是极好的证明。

有一次，他在餐厅招待客人，一行六个人都点了牛排。当大家吃完牛排时，松下幸之助让助理将餐厅烹调牛排的主厨叫过来，并且强调："不要找经理，找主厨。"

主厨见到松下幸之助后，显得有些紧张，因为他知道客人来头很大。没想到，松下幸之助对主厨说道："你烹调的牛排，真的很好吃，你是位非常出色的厨师，但是我已经80岁了，胃口大不如之前。"

大家听松下幸之助如此说，都觉得十分困惑，他们不知道松下幸之助究竟想说什么，过了一会儿才明白，松下幸之助说："我把你叫来，是想告诉你，当你看到我只吃了一半的牛排被送回厨房时，不要难过，因为那不是你的问题。"

试问，如果你是那位主厨，你听到松下幸之助所说的那番话，会是怎样的感受？你会不会觉得备受尊重呢？而一旁的客人听到松下幸之助如此尊重他人，更加地佩服松下幸之助的人格，更愿意与他做生意了。

松下幸之助曾说过，当公司只有一百人时，他必须站在员工的最前面，以命令的口气，指挥部属工作；当公司员工达到一千人时，他必须站在员工的中间，诚恳地请求员工鼎力相助；当公司的员工达到一万人时，他只需要站在员工的后面，心存感激就可以了；当公司的员工达到五万或十万时，他除了心存感激，还必须双手合十，以拜佛的虔诚之心来领导大家。

从松下幸之助的话中，我们看到了柔性管理对企业发展的重要性。真正懂得真情关怀部属感受的领导是英明的，因为这样可以完全捕获部属的心，并让部属心甘情愿地为他们赴汤蹈火。因为对别人的关心和善意，比任何礼物都能产生更好的效果。

人情是制度的"润滑剂"

有一次，索尼公司在日本的一家分厂的产品出了问题，这家工厂的产品是销售到东南亚的，总公司不断地收到来自东南亚的投诉，给公司造成了近 1000 万日元的损失。后来经过调查，发现原来是这种电子产品的质量出了一些小问题。该项目的重要负责人羞愧难当地随即向董事长提出了辞职，以示谢罪。

面对此，索尼董事长盛田昭夫很是冷静。他没有像其他人那样顿时火冒三丈，严厉指责负责人的过失，并按照管理制度做出开除他的决定，以消除内心的怒火。他清楚，这样做于事无补，因为损失已经成为定局无法挽回。

该负责人立即被盛田昭夫叫到办公室，要求对这一次错误做出陈述。事后，盛田昭夫又当着对方的面把辞职信一撕两半，扔进了垃圾桶，并笑着对他说道："你在开什么玩笑？公司刚刚在你身上花了 1000 万日元的培训费，你不把钱挣回来就别想离开。"

该负责人闻听此言，大出意外，立即化羞愧为力量，变压力为动力，在随后的一年时间内，为公司创造了远远超过 1000 万日元的利润。

盛田昭夫是个极为明智的人，面对下属的失误，他既看到了公司的损失，也看到了他事业方面发展的潜力，于是在无情的制度中加入了点"人情"因素，最终，为公司挽回了损失。

任何一家公司的制度都是人制定的，而人的思维和视野会受到很多因素的制约，这难免会有考虑不周的时候。因此，制定的制度就难免存在漏洞。这个时候该怎么办呢？是死板地执行制度，并且美其名曰"按制度办事"，还是听取员工的意见或建议，不断地补充和完善制度，必要的时候放弃错误的制度，采取合情合理的人性化管理方式呢？答案不言自明。

当然，如果制度本身没有任何问题，那么当员工违反制度时，管理者理所当然地按制度处理。但是需要注意的是，制度是死的，人是活的，在执行的时候，管理者还要顾及员工的感受，尽可能地配合以情感人的管理方法，让员工心服口服地接受处罚。

西洛斯·梅考克是世界第一部收割机的发明者，也是美国国际农机商公司的创始人，被人们称为企业界的全才。在他几十年的商海生涯中，他历经数次起落沧桑，但最后他都以超人的素质昂首挺过来。

作为公司的老板，梅考克手握大权，但他却从不滥用。即使员工违反了公司的制度，他也能在严格处罚员工的同时，设身处地地为员工着想。这种做法既维护了制度的威信，又不伤害员工的感情，十分高明。

有一次，一个老员工酗酒闹事，迟到早退，违反了公司的相关规定，应当接受开除的处分。当管理人员将这一处罚决定递交给梅考克时，梅考克当即表示赞同。但这一处罚决定公布之后，那位老员工十分恼火，他说："当年公司债务累累时，我不离不弃，三个月拿不到工资也毫无怨言，今天我犯了点错误，你就把我开除，你真是一点情分都不讲。"

梅考克十分平静地说："这里是公司，是有规矩的地方，不能有任何例外。"事后梅考克了解到，这名老员工之所以酗酒闹事，与他妻子刚刚离世有关。妻子离世后，他带着两个孩子，一个孩子跌断了一条腿，一个孩子因吃不到奶水而啼哭不已。他极度地痛苦，于是借酒消愁，结果耽误了上班。于是，梅考克对老员工说："你现在什么也不用想，赶紧回去照顾好孩子们，我们依然是朋友。"说完，他掏出一沓钞票塞到老员工的手中，对方顿时感动地流下眼泪。

当员工以为梅考克会撤销开除决定时，梅考克强调了自己的原则，他表示不想破坏制度，这也赢得了员工的认同。

严格地说，管理的最终目的不是管人，而是"安人"。既然是"安人"，就要让人心服口服，没有怨言和不满。执行制度虽然很重要，但是制度之外的事情，影响也是巨大的。因为人是感情动物，顾及员工的感情是管理者必须要做到的。

当员工违反制度，面临严重的处罚时，管理者别忘了给员工精神上的安慰。当员工有生活上的困难，即便他违反了公司制度，管理者也不能坐视不管。如果管理者能够像梅考克那般，既能坚持按制度办事，又能灵活地处理与员工的关系，尤其是与员工保持良好的情感联系，那么就很容易让员工信服。

在制度无法触及的地方，要靠文化去解决

用制度管理企业、管理员工的同时我们也要明白，制度不可能100％地堵住企业所有的漏洞，也不可能解决企业存在的所有问题。因此，制度要与企业文化相结合，换个角度讲，制度的实施离不开企业文化。一旦离开了企业文化的指导，一旦制度与企业文化不相符，制度必然会成为空中楼阁，成为短命的制度，不仅效果不好，而且还会有损企业文化的建设。

比如说，每个管理者都希望自己的团队充满凝聚力，但是要想打造充满凝聚力的团队，仅靠制度能够做到吗？答案是否定的。多少企业在严格的制度管理下，员工不但没能够凝聚在一起，反而是人心涣散；多少公司在严格的制度管理下，竞争力不但没有增强，反而导致员工积极性不高。其实，对于这种靠制度无法解决的问题，可以用企业文化去解决。

娃哈哈集团在中国具有相当高的知名度，它便一直将"家"组织作为企业的经营理念，力求让每个员工都感受到"家"的温暖，如集团十分注重员工生活水平的提高，对员工所提出的建议也总是认真考虑。正是这种管理方式，使得娃哈哈集团内部形成了"和谐一家"的良好局面，同时也使数万娃哈哈员工以及家族人员，建立起了强烈的企业凝聚力、品牌认同感和职业荣誉。即

使面对天灾人祸，集团内的员工也能团结如一人，坚强如钢铁，这种精神品质比金子还要闪亮，比磐石还要坚固。

一直以来，娃哈哈集团都秉承着"安居才能乐业"的企业理念，仅在杭州，集团已为员工分配住房1300多套，发放补贴近4000万元，让很多员工都少了"后顾之忧"。同时，集团还在海宁建立起了员工公寓楼，以廉租房价格租给外来员工，让他们不必为了高房租而发愁。为了给未婚员工提供设备齐全的集体宿舍，集团更是花费大量资金购买了空调、电视机、饮水机等设备，同时为了提高员工们的业余生活质量，集团还十分细致地配备了阅览室、健身房等，方便了员工的生活，提高了员工的归属感，使员工甘愿和公司共进退。如此一来，企业也少了人才流失的担心。

娃哈哈集团正是有效地将"家"文化的理念融入企业之中，才有了后来健步如飞的发展，在提高企业凝聚力的同时，也大大节约了人力资源成本，也提高了员工的归属感，使员工能够与企业同甘苦共命运，共同促使企业不断向前发展。

多数企业的管理者认为，企业内部员工如此之多，必须要靠严格的制度去实施管理，否则将无法提高其工作效率。其实，制度可以用来约束员工偶发的违规行为，而如果能将制度之外的管理融入一些人情味，管理者能够时时一心为员工着想，那么，就会让员工产生归属感、认同感，能够产生强大的凝聚力，大大增强企业的竞争力，企业未来的发展道路也将会越来越好。

企业文化是企业的精神食粮，也是员工的精神指导，它能深深地影响员工的思想，影响员工的行为，并使员工尽可能地向企业的目标靠拢。在马斯洛的"需求层次"理论中，自我实现是人的最高需求。当员工的这种需求得到满足后，那么员工将能获得无限的激励作用,并会对企业产生强烈的荣誉感和归属感,员工会为自己是企业的一员而感到自豪,并且觉得为企业的发展而服务是一种快乐。所以,重视企业文化建设,努力创造人性化的企业文化,可以最大化地激发员工的潜能,是打造公司凝聚力的保障。

第十章

简化营销：

别让"过度营销"赶走你的客户

　　一个高效益的公司，必须要是"聚焦客户、简化管理、活力创新、实现价值"的，这其中最为重要的一点就是"聚焦客户"，即建立以客户利益为先的简化的管理制度，而营销工作直面客户，除了为客户做好服务外，更要兼具客户的利益。切勿实行过度营销，给客户带来尴尬和不知所措的感觉。让营销变简单，就是要埋头做好自己的产品，做好服务，为客户创造价值，带来真正的实惠，而不是通过过度的营销行为，引起消费者的反感。

营销过度，你竟然浑然不知

在现实中，大到公司，小到街边小店，有很多的"主动营销"都属一厢情愿的行为。比如，在街边主动给消费者递塞消费卡、代金券等，甚至强制路人消费等。身为营销人员，你是否检查过你的行为，有没有让消费者感到厌烦。或者你公司出了一款新产品，为了能在社区打开销路，你会主动敲开用户的门，一家一家地推销等，这些"过度营销"行为势必会引起很多人的反感，而且这些人中有可能是未来潜在的消费者。

从概念上讲，过度营销是企业过分依赖或使用商业手段，获取商业利润或经营业绩的一种短期营销行为，例如频繁使用概念战、价格战，大量的广告投放，各种促销战术的不间断执行等，常常导致大量资金投入营销活动当中，但是所得到的效果却没有达到预期的水平，甚至大大低于计划的目标。

张颖到一家理发店理发，一进店，便受到了店小妹的热情招呼，先是躺着洗头、再到开始理发。接下来，理发小哥便开始向张颖推销理发卡："你发质太干"，"你发梢要分叉了"，"你要求的这种发型，必须要先将头发软化一下才能做出效果来"，"我建议你再把上面微烫一下会更有飘逸感"……这些推销让张颖不知如何应对，心想，就是简单地理个头发，这些理发小哥却给自己介绍一连串的加费服务，真是让人烦不胜烦。

等一周之后，张颖又到这家理发店做头发护理，上次给她理发的小哥便不认识她了，问道："这头发谁给你剪的，根据你的脸形建议你还是做个直发比较有气质。"接着又说："你还是办张年卡吧，非常划算。"这让张颖又一次觉得极为反感。自此之后，便再也不到这家理发店去做头发了。

过度营销这件事，在很多理发店里算是被演绎得最为贴切的，不过在其他领域，也有与之类似的行为。很多公司的营销人员，也曾犯过类似的错误，他们总是对消费者表现得过于积极，比如街头巷尾的狂轰滥炸式的广播广告、街边到处张贴的推销广告等，除了给人制造噪声和视觉污染外，很难达到营销目的，尤其是服务行业表现得极为明显。

实际上，真正高明的营销，是安静地进行的。正如美国著名营销专家菲利普·科特勒所说的那样："有时候安静也是一种强大的力量。"对于从事服务行业的人员来说，如何在"毫无服务意识"和"过度服务"之间寻求一条微妙的平衡是挽回行业形象的法门。

在日本东京曾经推出过"沉默出租车"的项目，他们提供免费矿泉水、保持车内没有烟味、穿着制服，除非乘客主动打开话匣，否则司机是不能和乘客拉家常的。这样的"沉默"司机服务就像情场高手一样沉默却不失关怀。尤其是在服务行业，你的沉默很多时候是对客户最大的尊重。

实际上，真正好的营销就是做你该做的事情就好，那些刻意打扰到别人的营销活动，都属于过度营销行为。在营销界曾流传一句话：有一种很好的服务方式叫纯粹！说的是要想真正地吸引住你的客户，你就专心地做你该做的事情，即用你的专业为客户创造价值。

华为董事长任正非说："商业活动的基本规律是等价交换。如果我们能够为客户提供及时、准确、优质、低成本的服务，我们也必然获得合理的回报，这些回报有些表现为短期商业利益，有些表现为中长期的商业利益，但最终都体现在公司的收入、利润、现金流等管理结果上，那些持续亏损的商业活动，都是偏离了以客户为中心这一原则的。身为管理者，要以优质的产品和服务打动客户，而不是以各种花招手段去吸引顾客。"爱因斯坦说过，愚蠢，就是用同一种方法一次又一次地做一件事，却期待有不同的结果。而企业以各种花哨的方法去接待客户或者强制客户消费，无异就是爱因斯坦所说的愚蠢行为，这种做法终究是没有出路的。

从心理学的角度分析，人人都有逆反心理，身为营销人员，若一味地用各种花哨手段或强制行为去达到营销的目的，很容易让人因产生逆反心理而真正地失去客户。要知道，营销的本质是为客户创造价值，但凡背离这一目的的行为，都难以真正地留住客户。

走出"生意红火，效益不佳"的怪圈

在深圳待了近 32 年的王晓东可谓是早期创业的"成功者"，在 20 世纪 80 年代，他借着中国改革开放的"春风"掘到了人生的第一桶金。自此之后，他在创业的道路上可谓是顺风顺水。如今的他实力雄厚，仅在广东就有几家上千人的工厂，主要生产灯泡和各种电子产品。王晓东自己算是批发商，有自己的销售管道。工厂一年四季订单不断，而且企业内部采取的是精细化管理，成本控制得也不错。但是一年精算下来，每年亏损上百万元。

对此，王晓东也很清楚，他的亏损在于"营销过度"。为了与同类产品抢占市场份额，王晓东总是会以低于同类产品 3 个点的价格供货给供货商。一年下来，生意是做了不少，但利润却亏损严重。

当然，王晓东在前期也有着自己的发展打算：凭借企业的规模优势，先以低价去抢占更多的市场份额，将同行挤出市场，然后"独家"抬高价格，再获利。但这个商业"布局"，已致使他在 4 年时间连续亏损近 500 万元，他与同行的"价格战"似乎愈打愈烈，永远没有尽头……再加上他的产品已经在市场上失去了竞争力，很多产品已经在逐渐被取代……

其实，许多企业主都有着与王晓东同样的"战略思维"：前期为了抢占市场份额，与同类的企业无休止地打"价格战"，最终将企业拖入了"生意红火，但效益不佳"的被动局面。有的企业主甚至因为依仗企业的大规模，太过专注于"市场营销"，而忽略产品的创新和研发，逐渐在"赔本"中将企业拖入濒临破产的状态。

某跨国公司大中华区总监在 2015 年年终时总结了一句话："2015 年上半年，销售额虽然上升了 12%，但利润却下降了 31%。营销过度导致相当的营销浪费，我急啊！"这位总监的话告诉我们，靠规模赢利不是那么容易的。很多老板总是想着如何兼并同行，如何扩大规模，认为规模大了好办事，垄断了整个行业，钱就来了。但他们不知道，当前中国市场上的价格战，已经演变成一场浩劫，市场份额不等于赢利收入，规模也不是"实力"的代名词。

日本经营之神稻盛和夫说："做企业的本质就是讲求利润的最大化，成本最小化。"在当下多变的经济形势下，依仗企业规模，单纯地"打价格战"，已经不是长久的生存发展之路，而是要轻规模，重效率，努力提升产品或服务的"价值"，即以利益为先，利润为王。所谓的"数大于天"，就是用数据说话、利润说话。

杰士邦曾经通过创新管道，开发了多达两万个零售的终端，包括在药店、商场、超市和便利店等地方设置零售窗口，由此一跃成为行业内的领先品牌。如今许多竞争对手纷纷跟进，原来的管道优势不再明显，但杰士邦的赢利仍然能保持高速增长，秘诀在哪里呢？

杰士邦的高层表示，在中国这个偌大的市场中，很多企业广泛实践着规模赢利模式，还处于"管道为王"的时代。但是企业竞争终归是品牌的竞争，尤其是当企业发展到一定的阶段，如果依然坚持管道和规模去竞争，而忽视品牌的建设，忽视产品的创新与开发，那么最终会被市场所遗弃。因此，杰士邦从管道中抽身出来，创新营销手法，加强产品开发，提升产品质量和品牌的驱动力，因此树立了行业第一的品牌，成为行业里的"王"。

如今，伴随着竞争对手的跟进，杰士邦已经成为行业的效仿对象，这也说明杰士邦在行业里是成功的。

稻盛和夫说过，在自由经济的市场环境中，由竞争结果所决定的价格才是最合理的价格，以这个价格去堂堂正正地做生意赚取的利润，就是正当的利润。在激烈的价格竞争中，努力地推进合理化，提高产品的附加值，才能增加利润，才是企业制胜的关键所在。任何一个企业，无论其规模大小，提升产品价值，强化品牌建设，是最根本的发展之道。多年来，中国涌现了许多颇具实力的品牌：华为、海尔、联想等，如果你细细剖析它们的经营理念和发展轨迹，不难看出：它们一路走来，无不是始终将精力和眼光聚焦在"做强核心业务"和"为客户提供最棒的服务"两个方面，用通俗的话说，就是将公司做小，将客户做大，让公司长久地保持较好的盈利水平，服务型企业是如此，制造企业亦是如此，这是一个不二法则。

简化营销策略：提升产品或品牌核心价值

现代企业的激烈竞争迫使企业进行小而又小的市场细分，进而会推出无穷的新产品和新广告的促销活动。可以说，现代商业世界已经成为广告的世界。然而，在现实中，许多企业用于促销的昂贵开支却收效甚微。据统计，美国消费品市场上每年推出 2 万多种新型的消费品，然而仅有 25％ 的新产品能够存活下去。在新的经济形式下，名目繁多与频繁的广告营销已经成为企业发展的沉重负担，而且也造成了整个社会财富的极大浪费。

不可否认的是，在 20 世纪六七十年代的营销革命大大地推动了企业的发展，而今天人们在这条路上似乎走得太远，那些令人眼花缭乱的广告、促销和包装，带来的不是消费者的购买欲望，而只会使他们不知所措。认识到这一事实之后，许多知名企业便开始采取简化营销策略，比如宝洁公司，取得了不错的成效。

宝洁公司原来有种类繁多的洗护用品系列，每一款新产品推出后，就需要一大笔的营销经费。公司领导认为，花样百出的促销活动，使中间商、零售商和消费者不知所措，渐渐地丧失了消费者的信任，尤其是公司各种的消费者优惠赠券成灾，早已经丧失了对顾客的吸引力。对此，宝洁公司大力地削减了用于对中间商、零售商和顾客的折扣、削价及发赠券的开支，而将这笔开支用于降低商品价格和更为有效的促销方式。

宝洁公司推行的简化营销运动，其目的在于通过这一系列的措施，来为顾客提供更为优良的服务，实现其全球扩张的目的。其策略优势是显而易见的：第一，节约了开支，使公司开支从占销售总收入的 30％ 下降到 20％，提高了产品边际效益；第二，全球采用统一的包装和品牌策略，扩大了公司的知名度，节约了资金，并且迅速地占领和适应市场。

宝洁公司简化营销的成功对企业产生了极大的影响，美国其他企业也纷纷地仿效。一些公司开始削减繁杂的产品种类和促销方式。比如纳比斯科公司在压缩了 20％ 的新产品的同时，还减掉了 15％ 的现有产品；福特汽车制造公司制订了压缩 20％ 新产品研制费用计划，并力图压缩多余零配件，简化汽车设计；太阳公司将其生产的汽油从五类减少到四类；城市银行也开始在全球推行统一的布局设计；一些食品制造商取消了一周一次的促销活动，而用于稳定和降价销售。简化营销一时风靡美国，成为营销界的一种新潮流。这种简化营销策略的做法，一方面节约了资源，减轻了企业的负担，另一方面也大大地提升了产品或品牌的核心价值。

在很多人的心中，将整个营销策划做得越复杂越容易体现策划人的能力水平。其实，这完全是一种错误的观念。其实，整个市场营销过程是一个相对复杂的、系统的工程，营销策划人会在这个系统工程中加入一些营销策略。在营销实践过程中，真正有实力的营销专家会将复杂的系统简化成直来直去的简单段落。同时要将营销策略变成直来直去的利益驱动点，前者属于流程系统上的事，后者属于策略上的事，前者需要简洁、明快，后者则需要时代感。

对于企业来讲，要简化你的营销，具体来讲，可以从以下几个方面入手：

1. 将产品进行"瘦身"，即从企业所设想的产品内涵上做文章，将那些令消费者无法直接理解的概念、文化、传统等内容完全地剥离出去。比如有机蔬菜本身就说明了问题，我们只需要在"有机"两个字上面做文章即可。

2. 将品牌进行"瘦身"，即把品牌承载的那些浮夸的内容统统删除掉，比如品牌所承载的概念、文化、历史等内容，再比如这个品牌要成为什么，这个品牌担负着什么，这个品牌承载着怎样的文化等，只将品牌所承载的核心文化保留下来，比如某运动品牌，只关乎运动健康，只关乎消费者的需求满足。

3. 将市场进行"瘦身"，即让品牌或产品只面对精准的细分化市场，只对准目标消费群体和潜在消费群体，而不是面对每一个消费者并且面面俱到。这样才能有的放矢地获得目标消费群体的关注。

4. 将营销渠道进行"瘦身"。要知道，你的产品面对诸多的细分市场，企业当然也设计了多种可能的营销渠道，包括线上和线下的营销渠道，这不但会使销售量增加，反而会使销售成本增加，企业的销售力量分散，哪里都想做，哪里都做不好。所以，企业市场的部营销人员应该对产品的渠道进行分析，集中企业的营销资源主攻主要渠道，而在适当的时候放弃不重要的渠道。

5. 营销推广实施精准计划。这不是一个"瘦身计划"，而是一个全面砍掉的计划，重新制订精准的社会化媒体营销推广计划，利用社会化媒体的口碑效应带动销售增长。记住，在广告泛滥的商业世界，精准的社会化营销可以节省资源，真正地扩大消费群体。

简单不是肤浅，是让我们的营销策略更容易感染消费者，让消费者乐于参与到我们的品牌中来，而非让消费者解读半天也不知道我们想要什么，那样既浪费了品牌，也浪费了消费者的时间，同时也让消费者对产品或者品牌概念混淆不清，摸不着头脑，让消费者对品牌失去信心，这样就得不偿失了。

以客户为导向：将经营决策权交给"市场部"

传统的商业模式，是企业经营者或管理者决定生产什么样的产品，设定生产计划，再进行销售，然后面对顾客产生利润，这样一个商业生态系统。那个时候，生产的决策者与顾客之间是毫无关联的，这一模式因为无法直面消费者，很容易造成资源的浪费，进而转化成企业的负担。而如今，一些生产厂家为了减少这种浪费，实施了真正面对市场的精准化生产模式，他们引入可视化、平台化的交易模式令企业的商业模式变得极为公开、民主。所以，未来的公司不仅仅为顾客提供产品的销售，更多的是需要为用户提供"软性"服务与其他的增值服务，从而满足用户的个性化需求，以此获得更多的价值，这也被称为"软性制造"，就是需要公司建立起以用户为中心的商业模式，即以客户的需求为生产导向，为他们提供高价值的"软服务"，属于一种高级的简化营销行为。

近几年，消费者对手机使用的需求已经由传统的"打电话、发短信"，演变为"娱乐与心灵沟通"的工具，诺基亚不顾消费者的需求，仍旧推出号称"待机 35 天、防水防摔、售价 162 元"的 1050。当全球的苹果手机粉丝们争先恐后地追捧售价比"诺基亚 1050"高出 50 倍的苹果手机时，诺基亚在一片惋惜声中被微软收购。

网上下载一部电影到电脑上看，几乎不花什么钱。而这并不影响一张 IMAX 电影票卖到 100 元左右，也没能够影响中国电影总票房达到数百亿的高产能，成为世界第二大电影市场。因为消费者"买票看电影"这一消费行为背后有着十分清晰的需求，排名前两位的需求分别是"与异性在电影院看电影时的情感满足"和"追求视听效果"，这就是顾客的"软性需求"，这种需求往往带有"高附加值"的性质，当然，给公司带来的利润也是十分可观的。

在互联网时代，公司与消费者之间的距离被拉近，企业的主要功能已经由原来的为顾客提供产品，上升到为顾客提供"高价值的服务"。阿里巴巴在海外上市的当天，马云接受记者采访时，有句话让人印象深刻："让你的顾客爽，而不是让你的老板爽"。如果企业能够随时随地根据顾客需求的变化调整新产品策略的话，那么诺基亚、柯达与索尼的命运可能会不同。顾客会通过手中的钞票"投票"，来告诉你一个真理：满足顾客需求与否，是判定产品"高价值"与否的唯一标准。所以，企业经营者，应该改变原来的供需生产模式，而应将精力用于研究顾客的需求方面，将触角延伸到市场中去，做好"消费者需求洞察"，将决策权交给顾客，交给企业的市场部门，否则，只通过技术研发部门妄谈"高价值产品"，几乎是不可能的事情。

当然，让企业真正做到"以客户为导向"，就需要建立以"市场部驱动"的价值连接体系。

在现实中，许多企业总是很难找到"消费者需求洞察"，即便他们找到更好的"顾客需求洞察"，也难以实现"客户需求"与"产品研发和技术部门"的无缝连接，难以开发出"高价值产品"，因为很多企业，在公司组织结构设立的那一刻，便埋下了产品失败的隐患。

产品要基于"消费者的需求"，那么，产品的生产与研发就必须由"最了解客户需求的市场部"来负责，绝对不是研发或者技术部门。

大多数世界 500 强企业都是"市场部驱动"型的公司，市场部英文原文是"Consumer Marketing Dept"，意思即为"消费者研究市场部"。这种市场部最重要的职能不是打广告、发货，而是基于对消费者需求的洞察，拥有公司产品的研发和生产的决策权，从而让研发部全力配合，持续不断地为公司产品注入新鲜的血液。

建勋是广州一家知名化妆品公司的老板，在 2003 年时，建勋曾在营销方面花了大价钱，请某知名影星代言打广告，可消费者却始终不愿埋单。与欧美那些大品牌相比，该化妆品品质并不差，而且价格相对较低，但始终引不起年轻消费群的兴趣。在 2005 年时，该化妆品公司库存积压极为严重，亏损严重，已经到了濒临破产的边缘。

在此情况下，建勋邀请某知名营销专家对企业内部进行了整顿和调整，建立了以"市场部为核心"的组织结构。以前，该公司的市场部根本完全不参与和负责产品的开发，而是帮销售队伍印 POP、做促销、办展会，应对广告公司的推销，充其量只是个"销售支持部"。而此时改革后，就是让"市场部"参与市场调查，通过问卷调查与网络对话的方式，与消费者进行零接触，了解目标消费群的内在需求，然后再将消费者提出的问题与不接纳产品的原因进行细致分析，得出结论，将此结论反馈到研发部和技术部，对具体问题进行解决，并且重新设计包装，然后推向市场。

该营销专家针对此项改革形象地说道："如果将公司比作一列火车，那么'轨道'便是'顾客需求'，'市场部'就是'火车头'，其他各个部门则是火车的各节车厢，都要跟着'市场部'引领的顾客所需求的方向走。'市场部'找到现有或潜在的顾客需求后，再根据顾客需求开发产品，那么技术部、研发部、生产部、采购部、财务部围绕这个产品开发做支撑；人力资源部要根据新的方向相应地调整销售部和市场部人员的招聘、培训和绩效考核内容；销售部通过渠道经销商推广把产品摆到货架上，那么顾客面前的这款产品才有可能是顾客早就想要，而其他竞争对手没能提供的。"

由此可知，市场部作为引领各部门的"火车头"，并非是因为"市场部"有多重要，而是顾客需求决定着企业的兴衰成败。

当然，对很多企业来讲，建立以"客户需求为核心"的经营模式，并非是一句空话，需要企业在组织结构上进行调整和改革，建立以"市场部"为龙头的组织架构，这样才能在体制上避免"搞研发的不懂市场、懂市场的不负责研发"的麻烦。

发挥市场部门的"火车头"作用

建立以客户为需求导向的经营模式，充分发挥市场部的"火车头"作用，对经营者而言，绝不意味着经营者只需将生产决策权下放给市场部就算完事了，还需要增强"市场部"的能力。因为要洞察消费者的需求，对于市场部而言，绝不意味着去做几次调查问卷、与消费者零距离沟通那么简单。要知道，顾客的需求是有"个性化"差异的，要真正地触摸到目标消费群体的内心，就需要专业的品牌经理人能够对顾客的需求做出科学的分析。

某家中端酒业生产厂家的老板，为了紧密结合市场，迎合消费者的需求，亲自出马跑市场、尝口味、出创意。然后再给生产部下命令。这也意味着，该老板担任着市场部总监，同时也兼任市场部经理、产品经理、市场调研经理三个职位，这让老板心身疲惫。另外，因为老板是行外人，对顾客心理分析方面做得不够专业，同时对产品的口味定位也有些模糊不清，这致使整个公司的运营效率变慢，使以顾客导向为中心的市场部变成了"鸡肋"。

很多公司，尤其是中小微型公司为了与市场接轨，老板便会亲自担任"市场经理"，去做市场调查，然后再反馈给公司生产部门。这种做法的确可以节省用工成本，但是，很多时候，老板因为知识或能力有限，在"顾客需求分析""产品开发"等方面的认识有所欠缺，做出的各种分析可能不太确切。所以，聪明的企业经营者，应该请行业中比较专业的"市场经理人"来担任市场总监的职位，这样可以使企业"稳、准、狠"地抓住消费者的需求，做出"高附加值"的产品来。

一般来讲，市场经理人的工作是从最基本的顾客需求分析开始的。他们会借助十分专业的第三方大数据，找出"消费者的真正需求"，他们往往具有专业的顾客心理分析知识，能够准确地做出判断。另外，"市场经理人"还懂得如何跨部门、跨团队地与科研部、生产部、财务部门等沟通协作，顺畅地完成新品的开发与上市任务。所以，具有发展眼光的经营者，会聘请专业的市场经理人，担任市场总监，组建"以顾客为导向"的市场部，并将权力下放给他们。

那么，在现实中，市场经理人如何能顺畅地实现顾客需求与技术、生产部门的无缝对接呢？

看下面具体的流程图：

市场总监带领团队，借助专业的第三方大数据，找出"消费者正在越来越多地购买具体什么价位的产品，以确定新品开发的零售价格与成本区间，这个阶段称之为"初步确定细分市场"。

接下来，要委托第三方专业的消费者需求研究机构，找到购买这个价值的顾客的深层次需求，即"消费者洞察"。最后得出具体的"消费者洞察"给"研发部"一个具体的产品研发方向和完成时间。

市场经理带领"技术部"与"研发部"共同去解决设计中的技术难题。同时，还要请供应链采购的同事想方设法找到成本更低或科技领先的原材料。

产品初设计完成后，请"专利法律部"保护新产品的全球知识产权，再借助第三方市场调研机构与财务部共同完成定价与销量预测。

请财务部门对新产品进行成本核算，根据销量预测、产品毛利与全年市场投入，计算预计新品的利润表。

将新品预计投入、预测销量、预测毛利与预测利润表报送公司管理层（或老板）；用上述数据支撑自己的新品开发计划，想办法得到管理层的批准。

新品开发计划得到高层批准后，品牌经理则需制定跨部门工作时间表，并定期召开跨部门项目工作会议，确保相关部门能在要求的时间完成各自应完成的任务。

生产部门按销量预测完成产量后，新品才正式投放市场。

市场经理人执行最后一步时，需要请销售部在规定的时间内，与经销商共同完成新品订单和零售终端的进场陈列；然后要求第三方广告公司依照时间表执行促销与媒体投放策略。另外，在新品投放市场后，市场经理需要密切跟踪新品的月销量报告，对比预测销量与实际销量，纠正两者的偏差，与生产部门共同完成新的生产计划，以保证产品供应。要注意的是，这样的纠偏过程要每月反复进行，直至新品的销量稳定。

根据以上流程可见，一个新产品的成功，需要几乎全公司所有的部门团队进行协作。如果此项产品没有市场部的专业经理人负责，那么，部门与部门之间必将会出现沟通不畅的局面，进而影响新产品的研发和上市。因为每个公司部门与部门之间的衔接性不是很强，每个部门"各自为政"，都有自己的考核目标，为此各部门在此过程中难免会出现互相推诿、互不信任的问题，即便是老板亲自负责跟进，因为其本身专业知识的局限性与事务的繁杂性，即便他亲手抓产品，也只能充当"灭火队员"，不断地解决部门之间的互相抱怨，而这并不能根本解决组织结构不科学导致的体制弊端。实际上，我们老生常谈的"技术部与市场部之争"的根源就在这里，这样一个不科学的组织结构，即使是满足顾客需求的"高价值产品"也极难成功。所以，类似于这样的问题的出现，便彰显了市场部总监这个职务的重要性。

在以市场部为导向的企业组织结构中，市场总监这个职位的设立，恰恰弥补了以上的几乎所有的问题。因为从"调研"到"产品生产"再到"产生利润"的过程中，任何一个环节若出现了问题，都该由"市场部总监"负责。因此，市场部总监在执行这一流程的过程中，会想方设法去消除影响产品成功的可能因素，像润滑剂一般，推动各个部门像零件一样配合主机流畅地运转，保证"新产品"

在开发和上市过程中达到既定的目标。

当然，在此过程中，企业经营者将权力下放给市场经理人时，为了其他部门更好地配合他的工作，一定要明确规定每个部门的职责与责任，这样才能使产品很好地得以完成。

同时，企业经营者需要注意的是，建立以顾客为导向的组织体系，市场经理人这个职位是极为重要的，你需要像重视顾客需求一样，重视经理人的需求。一般情况下，除了给予对方适当的股权激励外，更重要的是，经营者要摒弃家族政治，为市场经理人提供公平、轻松的工作环境，这样才能发挥其工作积极性与主动性。

简化与客户的关系：坚持利益互惠的客户才是好客户

企业中普遍存在一种极为复杂的销售关系，那就是公司为了维系与客户的关系，内部的业务员或者老板将大部分时间都泡在餐桌上，极大地浪费了精力和时间。试想，一个业务员或老板总是将精力浪费在维护客户的关系上，势必会忽略公司中的大事，也没有多余的时间将精力花在工作上。

小刘是一家钢材厂家的业务经理，几年下来，积累下不少客户资源。最近，攻下了一家大型企业客户，以为可以不用那么辛苦了，谁知道越大的客户，越让他受不了。刚签合同的当天，小刘就接到客户的电话，说最近某餐厅新开业，味道不错，这弦外之音，小刘哪里有不明白的道理，马上答应了客户当天晚上去尝尝。可这一去，却苦了自己，那天晚上客户带了一堆人过去，付钱倒是小事，自己还被灌得一塌糊涂，回家后吐得不成人样，头痛到第二天都上不了班。

时隔一个星期，小刘又接到那个客户的电话，客户说，现在已经在某家 KTV 开好房了，带了几个朋友，问小刘过来玩玩不？小刘当然明白是什么意思，刚想说没空，但是话到嘴边却说成了"马上过去"。结果，钱包被狠狠宰了一笔，喉咙几天说不出话来。

就这样，那个客户每隔三五天就打电话给小刘，不是去吃饭，就是去喝酒，要不就是唱歌，甚至还去了一次旅游。小刘好几次都想拒绝，但是单子在他手上，小刘很明白，如果拒绝了那个客户"宴请"，那么也就拒绝了订单。一个多月下来，小刘足足瘦了几斤，面色也和以前相差甚远。最为关键的是，小刘因为应付这个客户，无心管理手下的业务员，致使业务部懒散、松懈，使得业务部的工作出现了大滑坡。

与客户交往，只要能让客户了解公司、了解公司的产品即可。真正优质的客户，最为关心的不是这个公司老总的活动能力，而是与这个公司合作是否能够获得利益，能否实现共赢，带来极好的商业价值。显然，餐桌上和 KTV 不会带来商业价值，成天混迹于交际场上的老总或业务经理，绝对不能缔造出伟大的公司，做出业绩来，整天将你拉到餐桌上谈生意的客户绝对不是最好的客户。

日本东芝公司的总经理土光敏夫，是一个交际简单的人，而就是这样交际简单的老总，却重铸了东芝的辉煌。他上班从不用专车接送，每天四点钟起床，洗漱完毕，便开始思考一天的工作。

日本《读卖新闻》记者采访了他，问了一个问题："您是在打高尔夫之余思考工作呢，还是在工作之余打高尔夫？"土光敏毫不含糊地说："我从不打高尔夫，我历来都鄙夷这种说法，似乎只有打高尔夫，才能把生意做好。"记者又问道："那您是不是经常在夜总会呢？我听说，夜总会的人最适合做生意。"他回答："作为一个每天凌晨四点必须起床的人，绝不会有去夜总会的雅兴！认为在夜总会好做生意的商人，不是正直的商人，这是他们花天酒地的借口！"

土光敏夫不愿意在外面花天酒地，有闲暇时间，他宁愿和员工一起吃饭、喝酒、话家常，往往一些问题就在这样的沟通中得到了解决。

的确，真正正直的生意人或是企业家，都不会将时间浪费在餐桌上，更不会经常到与工作无关的场合去，所以，身为管理者一定要简化与客户之间的关系，一般情况下，可从下面几点做起：

1. 对交际和应酬的对象进行筛选，选择最为重要的客户。

2. 去掉一切不必要的虚荣。

3. 在交际和应酬时对时间进行控制，讲求效率和结果。

同时，也应该节省接待客人的时间。

1. 对来访的客人，在保持最基本的礼仪的同时，必须要进行筛选！选择非亲自出马不可的场合出席，节省自己的时间，也节省对方的时间。

2. 接待重要来客时，也不要拖泥带水，说话不要拐弯抹角、避重就轻，记住要追求实质，要务实，更要直截了当地问对方来访的目的，想得到什么样的结果。

3. 一开始就说明谈话的时间，"你希望谈多久，15 分钟够不够？"或者"我接下来已经约了别人，现在只剩下 10 分钟的时间。"

4. 设置应酬专家。让专业的人做专业的事。要记住，你不是万能的，要学会让别人帮你做事。物色一个应酬专家，能让你节省大量的时间。

5. 询问秘书，把接下来要做的事情安排好。

简化营销文案：消灭吸血的"文字"

市场营销，自然离不开宣传文案。很多时候，一场成功的营销一定要有一个成功的文案，而同时，一个糟糕的文案可以毁掉整场营销，甚至会让人对你的产品产生反感。

有位管理学大师说，世界上不只有蚊子是吸血的，有时文字也会变成"吸血鬼"。词不达意的文字、冗长的报告、故弄玄虚的理论等等，吞噬的不仅仅是我们的时间和精力，更重要的是会让营销工作毁于一旦。

在大街上，在许多商场，我们经常会看到这样的文案："金鸡迎春，为了回馈新老顾客的支持，本商场决定从××××年×月×日起，全场商品进行大促销活动，全场商品，满 300 元，送 20 元，满 500 元，送 50 元。走过路过，千万不要错过！本活动截止日期到 1 月 31 号！"

类似于这样的文案，我们每天都能看到，很多人看过后，大都会做两个动作：1. 选择无视；2. 直接拉黑！如果这文案是你写的，你可能会很奇怪：为何店里明明在降价搞促销，可消费者却熟视无睹？为何我写这些文案很是用心，但成交率却总是很低？为何我明明看了许多文案写作的文章，但写出的文案，却总是不尽如人意？

在这里，我们给出的答案是：这种文案文字太过繁杂，没有从根本上抓住营销的本质，致使顾客看完你的文案后，不仅提不起任何兴趣，而且会觉得是一种骚扰，更别说对你传达的信息走心了！同样是搞促销、打折的广告，宜家只用几个字表示：打折，就是打折。其海报上黄色的价签显示价格为"半张床""半个衣柜""半张沙发"半价的折扣令消费者一目了然，很是走心。其实，营销文案的实质就是要把最重要的信息放上去，多一句便显得累赘！

营销文案，要极力简洁、明快，朗朗上口，切勿长篇大论，引起消费者的反感。事实上，几乎每个公司的文字策划都曾经为繁杂的文案困扰过，时间和效率也就这样被侵蚀了。

你的公司要想变得简单高效起来，就要先从简化文案下手。你要给你的下属制定一个文案工作的铁律。

1. 一页纸能够说明白、说清楚的，绝对不用两页纸。

2. 一句话能够说明白、说清楚的，绝对不用一页纸。

3. 口头表达能够说清楚的，绝不用文字。

4. 能用短句表达的，绝不用长句子。

要知道，没有一个消费者会对烦琐的或自己看不懂的广告产生兴趣。一位资深的文案营销大师曾说道："文案之道，博大精深，其精髓在于创造。有人说，文案有七种境界，从'喊口号、唱跑调'的菜鸟级到思想升华、返璞归真的文案大师。从最开始的空无一物精进到以策略思想引导写作，再登顶用最普通的语言精准表达不普通的创意，这个过程需要文案人不断地积累、求索、蜕变直至从喧哗鼎沸回归本真。"他道出了一个成功营销文案的关键：简洁、归真。所以，身为一个管理者，要想让你的产品或服务在喧嚣的市场中和复杂的环境中脱颖而出，就要简洁精练地传递文案信息。下面是文案精简四步法，可以让你的文案效果更佳！

1. 简化文案的结构。

从结构来看，传统的平面广告的文案包括标题、副标题、广告正文、广告口号四部分。我们要简化，首先要从文案结构开始，即主文案应该只包含广告标题和广告描述两部分，其余信息比如品牌名称、联系方式、引导语等均作为辅助文案出现，可以用标题吸引眼球，让消费者一下子能够了解你要传达的信息。其他的辅助文案，一定不能喧宾夺主，尽量简化。

2. 勿贪心，只选最为重要的内容。

广告的文案应该表达企业最想传递给消费者的信息，而且信息量不宜过多。什么都想说，最终结果只有一个，就是所有信息都被淹没了，消费者什么信息都没有接收到。很多时候，那些成功的广告文案仅由两部分组成，一句作为标题，吸引消费者或者传递最具竞争力的信息；一句作为描述，详细地介绍产品服务信息或传递其他关键的信息。

3. 减少一切不必要的文字。

广告文案不同于写文章，要求主谓宾定状补，样样不少。广告语只需要通过最精练的语言或最关键的词汇清晰地表达出你所要传达的信息就好。因此，精简文案极为关键的一步就是删除广告语中不必要的文字，或提炼广告语中最为关键的信息。比如，前后重复的词语，可用更短词汇代替的词语，不必要的修饰语，不影响句子表意的其他词汇等。

4. 使用特定句式，让文案看起来"短"了。

研究表明，相对于长句，短句和断句，最有利于用户对广告的阅读和记忆。而现实文字排版时，断句的前提保障，则是将文案写成对仗句或长短句。对于相同字数的广告语，有断句的广告文案看起来更短。此外，对仗句读起来更为上口，长短句则会使文案更加短促有力。

广告最怕不断地变：找准痛点，提炼卖点

美国营销专家利奥·伯内特提出了一条伯内特定律。它的内容是：产品要占领市场，首先要占领消费者的头脑。只有占领用户的"心智"，他们在需要你时，才会首先想起你。进入用户心智，需要不停地对他们进行消费理念、品牌形象与产品优势的灌输，要反复地刺激用户痛点，直至他们形成条件反射，遇到类似痛点时，首先想的就是你的企业品牌和产品。这告诉我们，你的产品要想占领消费者的"头脑"，需要具备两个条件：针对产品找准消费者的痛点，然后再用同一种广告，不停地戳这个痛点。这种极简式的营销方案，相对于那些广撒网、不停换，今天一句口号，明天一种理念式的烦琐式的广告，更容易在市场上获得成功。

"新盖中盖"的营销案例，这一营销案例的成功，除了前期有效的市场调研和直击用户痛点的广告语之外，更离不开长时间的坚持。"这人啊一上年纪就缺钙，过去一天三遍地吃，一片顶过去五片！一天一片，效果不错！"这条广告先后打了很多年。如此这般广告轰炸之下，才使得"新盖中盖"彻底占领了用户的心智，让人们一缺钙，就会想起"新盖中盖"。

从营销学的角度分析，这种抓住了消费者的"痛点"后，有针对性地提炼卖点实际上就是通过占据消费者的"心智"，让品牌在消费者的脑中彻底"扎根"，从而达到营销的目的。史玉柱曾对《赢在中国》中的选手说："品牌是需要时间积累的，不能仅靠一个月、两个月的狂轰滥炸便想取得多大的成效。中国企业创建品牌通常都有

一个毛病：今年一个策略，明年一个策略，后年又换一个策略，费钱费力，还没落个好。"

对这种重复打广告的策略，史玉柱有自己的独到见解：

"广告最怕变，因为你一变，前面的积累便也丢了。广告，它其实是一种投资。它在消费者大脑里面，是对消费者大脑做的一种投资。所以广告是一个积累，最怕的是打一段时间就换，尤其是打了半年、一年就换掉，这样，你前面花的钱基本上就浪费掉了。所以广告语能不变尽量不要变。"如果你正在策划一套旨在通过重复刺激用户痛点培养用户消费习惯的营销方案，应首先回答以下几个问题：

1. 你的用户有哪些痛苦和不便？

2. 你的用户迫切需要解决哪些问题？

3. 你的产品能帮助用户解决什么问题？能在多大程度上缓解他们的痛苦？

4. 现在用户是怎么解决这个问题的？

5. 为什么用户需要另外一种解决方案？

6. 你希望用户使用产品的频率是多少？

7. 你想让用户形成怎样的消费习惯？

8. 如何全方位地通过痛点刺激让用户形成以上习惯？

等你回答了以上几点，再判断你是否精准提炼出了卖点，让其对使用你的产品形成习惯。当然，不断地刺激用户的痛点，还应当注意以下原则：

第一，一般不能正面提及顾客的痛点，甚至进行攻击、挖苦。

让人尴尬的痛点，不要正面提及，以免让用户难堪、反感，更不可以攻击、挖苦的形式去提及用户的痛点。

第二，从不同方面刺激顾客的痛点。

用户身份、收入、地位、学历、相貌等方面的具体问题，都有可能是痛点。如果你并不能完全确认用户痛点的时候，不妨从多个方面去刺激。

第三，应当反复刺激用户的痛点，直到用户接受。

当你发现用户对某一方面敏感时，则要变着话题，多角度刺激那一个痛点，甚至是重复进行，在用户心中留下深刻的印象。

第十一章

让创新变简单：

找准关键点，别让创新变成"累赘"

　　管理者的最高价值在于能引领团队或公司员工不断创新。可以说，能否引领公司员工开启持续创新之路，能最大程度说明一个管理者的管理水平的高低。但在现实中，很多管理者一味地追求创新，而不顾及公司或企业的现实情况及客户需求和市场反应，造成创新过度的局面，让创新的产品或服务成为一种"累赘"，使公司或企业陷入危机状态。这告诉管理者，任何创新行为，必须立足于企业发展本身和市场需求，所有违背了这两个原则的创新行为，再高、精、尖都是一种枉然。

持续创新：利润增长的"金钥匙"

对企业经营者来讲，创新是永恒的话题。企业要赢利，要追求高利润，除了做专、做精、做特色外，还要坚持走创新之路。否则，不创新，不仅意味着利润降低，还会将你淘汰出局。

在十几年前，诺基亚的品牌不可谓不响亮。莫说其发展势头如日中天之时，就是在 2011 年，其全球销售虽然跌出前十，但仍然保持在第十四位。后来，一夜之间就被苹果的智能手机所取代，很快便退出历史舞台。

在 19 世纪初，美国福特汽车制造公司依靠创新，生产出了操作简单、坚固耐用、耐得住颠簸且价低的"T"型车，这使福特汽车很快占据了世界汽车市场 68% 的份额，为此，福特被称为当之无愧的"汽车大王"，他不但给美国装上了车轮子，甚至可以说，是他将人类社会带入了汽车时代。但是后来，福特的创新却逐渐走向了教条化。

20 世纪 20 年代，美国进入了大众化富裕时代，福特却仍认为应该勤俭生活，继续拼命生产 T 型车，提高质量，降低成本。但当时的美国人更需要的是速度、造型、环保以及个性化，需求越来越多元。但固执的福特汽车依旧颜色单调，而且耗油量大，排气量大，完全不符合日益紧张的石油供应市场和日趋严重的环境保护状况。

小福特建议老福特推出豪华型轿车，却不为采纳，老福特甚至亲自用斧子劈毁了儿子的新车型。而通用汽车和其他几家公司则紧扣市场需求，制定正确的战略规划，生产节能低耗、小型轻便的汽车。在 20 世纪 70 年代的石油危机中，通用汽车一跃而上，而福特汽车却濒临破产。

老福特这才意识到自己的错误判断，转而根据小福特的意见推出豪华型轿车。但是先机已失，老福特感慨地总结说："不创新，就灭亡。"

直到今天，福特汽车也没有回到它昔日龙头老大的宝座。

这说明，品牌对一个公司固然重要，但是，如果缺乏创新，没有竞争力的产品做支撑，品牌的力量也会显得苍白无力。在这个多变的经济时代，竞争越来越激烈，想让一个企业在竞争中占有一席之地，最好的选择就是不断去创新，真正做到人无我有，人有我优，人优我精。一个毫无创新的企业，犹如一潭绝望的死水，没有办法向前流动、向前进。"一招鲜，吃遍天"，许多企业之所以能在风云变幻中屹立不倒，不断发展，在于它们拥有自己的、领先于他人的核心技术。很多时候，用钱能买到的往往只是产品，而产品的制造过程、核心技术并不能买到，当然这也是一个企业的非卖品，是它们赖以生存的根本。

作为经营者，要深刻认识到创新对于一个企业未来走向的重要作用，要有一双善于发现问题的眼睛，在观察中捕捉灵感，在生活中发现商机，进而提升利润。

有一次，海尔冰箱海外产品经理邵宏伟来到英国曼彻斯特小镇，在住户家中，他也会帮着干点活，与住户讨论有关冰箱的使用情况。

在与住户的交流中，邵宏伟发现了一个问题，住户家中的冰箱高度比预留的空间高度矮了不少，让人看上去感觉很不合理。原来，该住户喝啤酒时喜欢加冰，本想买一台带制冰机的对开门大冰箱，不过这种大冰箱根本进不了家门，在预留的空间位置更是放不下。到头来，他就只能买一台较小的冰箱。邵宏伟还发现，该住户喝啤酒时只能加冰块，如果想加冰屑的话就必须用刨冰机把冰块打碎，这样就十分麻烦。

这一情况激发了邵宏伟的研发灵感，回国后他立刻指导研发。2004 年 8 月，海尔推出了"专为英国用户设计的超薄对开门大冰箱"——它的宽度刚好可以进入英国住户的家中，而且，它的制冰机能制取冰块和冰屑。

这款冰箱刚在英国市场上市，就接到了占当地大容量冰箱 40％份额的订单。

管理学大师德鲁克曾经指出，"管理是一种实践，其本质不在于'知'而在于'行'，其验证不在于逻辑而在于成果，其唯一权威是成就"。作为一个管理者，要善于创新，敢于创新，有一双善于发现、善于观察的眼睛，从一些细微的、容易被人忽视的地方发现可以有所作为之处，这样才能不断激发自身的创造性思维，为企业的发展提供帮助。另外，企业在坚持创新之路时，要注意以下几点：

1. 创新要结合企业现状。

企业没有设施、机器、工具等，能使用的，就不要重复购买。本单位技术人员能任用的，就不要外请。这样就能将创新投入掌握在可控状态。

2. 将创新聚焦在关键点上。

中小企业在实施技术与研发创新时，摊子不能铺得太大，创新项目太多时，要认真地权衡和斟酌，并且按照类型、紧迫程度、资金投入数额、创新后给企业带来的价值等要素，进行归类、排序，将创新目标聚焦在一个或几个点上，分批次、分阶段地实施。

3. 着眼于市场的创新，才更有意义。

在市场经济条件下，一个企业想要获得长远的发展，就需要有自己的核心竞争力，这样才能在激烈的市场角逐中满足消费者的需要，吸引消费者的眼球。不管是什么企业，最终目的都是要让自己的产品走向市场，拥有自己的消费人群。

1987年，美国铱星公司开始"铱星系统"计划，1998年11月1日投入运营，开创了全球个人通信的新时代。这是一系列尖、高技术的结晶，它的目标是建立一个把地球包起来的"卫星圈"。在铱星的广告词中，通话网络将会覆盖世界的每一个角落。当然，"铱星系统"计划也曾被很多人看好，是外界公认的现代通信的一个里程碑。不过最终还是没能逃脱失败的结局。2000年3月18日，铱星公司宣告破产，一个耗资50多亿美元的"铱星系统"从此也就淡出人们的视线。

铱星公司走向失败的原因是多方面的，决策失误、营销观念落后、债务危机等都是造成其失败的原因，不能满足市场需要也是其中之一。铱星公司曾经错误地认为，只要技术先进，价格并不会影响消费者的购买欲望。现在看来，这种观点显然是不对的，消费者更喜欢物美价廉的产品，虽然铱星的高科技含量深受好评，但价格高、话费高成了铱星的一块硬伤，对许多普通消费者而言，只能是可望而不可即，而且，会有多少人需要在那些不毛之地通话呢。到2000年3月，铱星系统的全球用户只有5.5万个，而中国的用户不到1000个，而在铱星方面的预计中，仅初期在中国市场就要做到10万用户。铱星要想实现赢利最少需要65万个用户，5.5万与65万显然相差太大。所以，科技再新潮也要满足市场的需要，从消费者的真实需求出发，只能满足很少一部分人需要的产品难以占领一块市场。

4. 鼓励员工参与创新。

一个企业的发展需要发挥全体人员的作用，有发展方向的制定者，就有展开工作的执行者。在员工执行任务的过程中，管理者也应鼓励他们参与创新的过程。比如某个问题每次都是采用同样的办法去处理的，这次换个方法行不行呢？在产品的生产过程中，员工提出了一些新的、有益的想法，可不可以采纳呢……不要认为他们是"不务正业"，以为按照操作手册去执行就可以了，管理者应该鼓励他们参与创新的过程。

过度创新，只会让公司背上沉重的"包袱"

在现代社会中，创新是促进公司获得高效益与可持续发展的重要推动力，为此，很多公司的管理者一味地追求创新，不顾及市场和消费者的实际需求，造成了"过度创新"，让公司背上了沉重的负担。对此，2006年诺贝尔经济学奖获得者埃德蒙·费尔普曾经提出了警惕过度创新的问题。他以金融危机为例，称次贷危机给金融机构造成巨大损失被发现得很晚，这是因为新的金融产品已经达到了相关机构风险评估的极限。一些评估机构对于新的、复杂的金融产品没有经验，它们不知道该怎么办。

《创新者成功指南》的作者斯科特·安东尼认为产品创新是企业效益增长的原动力，那些创造新型产品、提供新型服务及商业模式的企业不仅可以创造收益可观的经营增长，还能够带来持续的消费者财富。然而，创新有时会多得让人无所适从，渴望寻找改进方法似乎是人类的本性，但是，在改进已经存在的东西，或者创造并不存在的东西之前，管理者是否该问问自己："有必要做吗？"而不是"我们可以做到吗？"

在现实中，一些企业在产品功能创新中会犯这样的错误，一不小心会将顾客当专家。有许多公司或企业，往往会将本来极为简单的工作搞得很复杂，把原本一点就透的产品功能利益用复杂的方式来表现，结果消费者听得一头雾水，产品的销量也就可想而知了。

一家制药企业，当时他们的主打产品是"养胃舒"和"温胃舒"，连续三年销售额一直无法突破，但又不知道原因究竟出在哪里，于是便向一位管理专家咨询。

那位管理专家便问，你的养胃产品分为养胃舒和温胃舒，为什么要分这两种呢？到底什么时候该吃"养胃舒"，什么时候该吃"温胃舒"呢？这位药企的负责人说道，胃病在中医里面分两种，热性的吃"养胃舒"，凉性的吃"温胃舒"，效果非常地好。说到这里，这位管理咨询专家立即找到了问题所在，他便告诉那位药企负责人说，坚持药物创新是没有错，但是你却将顾客当成了专家，我是外行，想必大多数人都和我一样都对中医不甚了解，对胃病都是外行，分不清楚到底是热性还是凉性，也就分不清楚究竟该买哪一种。这就是为什么销售额上不去的症结所在。老顾客用他们的产品后，因为疗效好，所以会一直用，但是新顾客也进不来。后来做了调整，销售额便获得了突破。

从这个事例我们可以看出，优势企业在通过功能差异化来提升产品的竞争力时，一定要从消费者能够认知的范围出发，不要用消费者无法了解的方式突出产品功能的优势，因为不被了解，所以其"创新"行为则起了反作用。这正如 IBM 前 CEO 郭士纳在他的自传《谁说大象不能跳舞》中所说的 IT 技术所出现的过度创新行为那样，"该行业受技术控制的程度几乎达到了荒唐的地步。所有的公司每时每刻都在追寻下一次巨大的科技浪潮"。在过度创新的情况下，我们看到了芯片巨头们新品的上市速度越来越快，新品发布的频率也越来越快，产品的型号和名称之多，让消费者目不暇接。我们也看到了操作系统的垄断寡头不断地推出对于硬件配置的要求更高的产品。当然，这就出现了产品或服务改进过程中无法避免的一个问题，就是当增加的改进不再与消费者的需要正相关时，也就是创新过度来临时，消费者往往不会为这个改进而买账。

这告诉管理者，企业的创新应该始终以市场为导向，技术创新上的盲目和过度，都是没有意义的。技术并非越先进越好，技术的演化应该以消费者为目标，而不是打着为消费者服务的旗号。技术上的盲目创新和创新过度都会导致产品的技术过剩，在市场上也难以获得最佳的经济效益。而且在绿色环境诉求下，过度创新也被大众视为一种浪费，更会成为企业一种沉重的负担。

着眼于市场，创新才能产生价值

创新行为的目的就是为公司谋取更大的利益，它不是时装秀，不是赶时髦，专挑别人还没涉足的；也不是疯狂跟风，看到别人、别的企业的某一领域有所成就，也想在那一领域分一杯羹，结果投入重金去搞研发，也不会取得预想中的成绩。创新重在务实，着眼于市场，从公司的长远发展规划出发，必须要适合公司的发展要求，否则便属于过度创新。这就要求管理者在制定创新决策时，一定要立足于公司发展的现实，切不可盲目地跟风，否则有可能会让你的公司背上沉重的负担，甚至倒闭破产。

在我们的思维里，一个服装企业，自然以生产、销售服装为主导业务；而一个啤酒企业，那自然是以生产、销售啤酒为主导业务，不过，像重庆啤酒这样的企业，完全成为人们眼中的另类，它们斥巨资进行研发治疗性乙肝疫苗。

2009 年，重庆啤酒的股份每股在 22 元左右，由于过于相信治疗性乙肝疫苗的光明前景，股价一路飙升，最高时达到每股 83.12 元。2011 年 12 月 7 日，重庆啤酒不得不如实披露治疗性乙肝疫苗的二期试验结果：治疗性乙肝疫苗与安慰剂疗效差不多，该疫苗是失败的。如此一来，重庆啤酒的股价直线下降，市值蒸发 260 亿元以上。

一家啤酒企业研发乙肝疫苗，可以说是一个技术创新，如果能够取得成功，对众多患者而言也是一个福音。只是这个世界性难题哪有那么容易攻克，一位药企的高管就曾直言，开发新药的失败率极高，而且动辄数亿美元甚至数十亿美元的投入，欧美顶尖药企尚且未能研发出治疗性乙肝疫苗，仅凭重庆啤酒亿元级的投入怎么就能研发出来？

对于很多的管理者而言，盲目创新的原因不外乎两点：一是没有经过认真的调查和估算，只是在脑子里把一个概念性的东西组织了一下，自己认为可行就行动了；二是盲目自信，把自己的能力无限放大，结果在遇到实际问题时往往以失败而告终。

管理者的决策在很大程度上影响着一个企业的未来发展趋势，作为一个管理者，敢于创新是一件值得提倡与鼓励的事情，但要着眼于企业的发展目标，立足于实际，多在自己擅长的领域做文章，而不能轻易涉足一个完全陌生的领域。

要知道，在市场经济条件下，一个企业要想获得长远发展，就需要有自己的核心竞争力。而创新也必须要立足于自己的核心产业，并且立足于市场，这样才能让创新产生出价值，为公司创造可观的利润来。

作为一个管理者，在坚持创新、鼓励创新的同时，要关注市场的变化与真实需求和消费能力，要有一个明确的市场定位和市场分析。不能仅凭自己的个人意愿、个人好恶去判断一个新产品有无广阔的发展前景。很多东西，如果完全超出了消费者的消费能力，不能被消费者接纳，再高、精、尖也是枉然。

管理的真谛：最大限度激发员工的创造力

管理大师德鲁克说过这样一句话："在新时期，管理的真谛就是如何激发员工的最大潜力为企业的目标服务。"这里所说的"员工的潜力"最主要的表现就是员工的创造力，即创新能力。如何激发员工的创造力是考验一个管理者能力大小的重要标准。那些有能力的管理者，会通过灵活的制度、开放的心态等方式鼓励员工培养创新意识，随时注意倾听他们所表达的新的观念。无论这些观念如何地荒唐可笑，也不会急于表态说："这行不通""这完全不靠谱""你的想法太过可笑"等，他们在听到员工在表达意见时，总是会慎重地与当事人进一步进行讨论，看看能否挖掘出这其中的价值来。在评估员工意见的时候，会首先去称赞员工提出意见的积极态度。若有需要批评的地方，也会以开放和赞许的态度去鼓励他们主动去开动脑筋，发表个人的看法。

约翰是一家公司研究开发部的经理，他的公司专门为高噪声下工作的工人开发和生产耳朵保护产品。约翰是一个称职的管理者，他总是尽量地使用参与技巧，并与受他领导的人分享信息。

一个新的客户订单要求耳朵保护产品既可以防高频率的噪声，也可以防低频率的噪声。公司尽管做了大量的实验，却始终开发不出这种类型的耳朵保护产品。

当该项目的工程师奥里克将几种原材料的最新实验结果拿到约翰的办公室时，约翰发现所有原材料的测试均告失败，但值得欣慰的是，奥里克发现了两种材料：一种材料可以防所有低频率的噪声，而另外一种材料则可以防所有较高频率的噪声。结论再明显不过了：奥里克没有将这两种材料结合起来用。

约翰将奥里克叫到了办公室说道："我已经检查了实验的结果，你的实验周详、彻底，给我留下了十分深刻的印象。"

他看了一眼实验结果，继续说道："奥里克，你知道这正是灯泡的发明者托马斯·爱迪生解决问题的办法。他总是保留实验材料，分析实验结果，直到发现了解决问题的办法为止。我相信，你最终也会按照这种途径发现解决问题的办法的。"于是，奥里克便带着数据表离开了。

事后，有人问及约翰："您为什么不告诉奥里克解决问题的办法呢？"

约翰回答说："奥里克是一名优秀的员工，为了这个项目，他已经辛苦几个月了，一直都很努力。如果他看了这些数据的话，一定会发现解决问题的办法！"

果然，在几天后，奥里克十分兴奋地打电话给约翰，说他彻底地解决了问题。而且，他还想到了更新材料，以便在两种材料混合后的效果更好。为此他与约翰都得到了公司的表扬。最终，约翰也顺利地成了那家公司的总裁。

实际上，奥里克的成功与约翰的管理方法是分不开的，约翰通过点拨和激励的方式，激发了奥里克的创新能力，最终为公司创造了效益。这也正应了管理中的那句话：有意识地培养员工们的创造力，是管理者成本低、见效高的选择。让员工"发现"解决问题的方法，是一种高明的激励方法。

任何公司中最为重要的资本，不是资金、设备，而是具有创造能力的员工。作为管理者，为了有效地激发员工的创造力，应该尽力做到以下几个方面：

1. 加强员工对公司的认识。

很多公司的员工虽然在一线工作，了解一线的基本情况，但对公司的经营战略和发展规划不一定十分清楚。由于公司的外界环境在不断地发生变化，公司的战略及规划也要根据环境的变化而变化，如果管理者不将这些变化的信息及时地传达到员工那里，员工就会慢慢地落后于公司的发展。

2. 在公司内部营造积极的竞争环境，让"竞争"促创新。

很多管理者都有这样的管理心得：公司内部良性的竞争能够带来创新。心理学的实验也表明：竞争能够使大脑能量输出增强50%以上。公司内部各小组的竞争是鼓励创新的好做法。比如，IBM公司作为一家知名企业在管理中对同一课题让若干小组进行攻关，看哪一组能够拿出最佳的方案。竞争意识及其挑战使人们情绪高昂，由此可以促进新思想的诞生。

3. 鼓励员工聪明地冒险。

"走得最远的往往是那些敢作敢为的人。"对于一个公司的管理者而言，要想将低业绩的管理方法改造成使员工愿意冒险的工作方法，就要敢于大胆地任用、提拔和奖励、支持敢于冒险的人，并且给予他们从错误中学习的机会。要知道，"胜败乃兵家常事"，如果员工能够全身心地投入到某项工作中，最后却一败涂地，这种时候要给予他们以支持和激励。

4. 对能产生效益的建议采取一定的奖励措施。

公司发展靠全体人员，作为管理者，要为员工创造一个良好的环境，让他们乐于提出自己的建设性意见，这也是鼓励员工进行创新的有效手段。这也能让管理者在这个过程中发现对公司有益的人才，何乐而不为。

产品迭代的秘密武器：微创新

阿里巴巴将在纽约证券交易所上市，这个美国史上最大规模的IPO将给中国制造最起码 30 个亿万富翁，200 亿美元的筹资规模的确很霸气。对此，《华尔街日报》专栏作家安德鲁·布朗这样点评道：阿里巴巴将西方已有的商业模式本能化后建立了庞大的电商帝国，推翻了人们对于"中国不能创新"的迷思，这不同于发明。中国许多最具创新性的公司都不是来自灵感的闪现，而是在一系列渐进式的变化中发展起来的。

《华尔街日报》也进一步指出，渐进式的创新能够形成良性的循环，可以使产品价格更低、更容易获得，这也具有革命性的意义。这种渐进式的创新，确切地说，应该是微创新。它是新时期产品迭代的秘密武器。

周鸿伟称："你的产品可以不完美，但是只要能够打动用户心里那个最甜的那个点，把一切问题解决好，有时候就是四两拨千斤，这种单点突破就叫作'微创新'。"这里的"微创新"是以用户体验为中心的应用创新，它对应的是颠覆性的创新。"微创新"有三个关键词，也是三个"微"，第一是"微小硬需"，第二是"微小聚焦"，第三是"微小迭代"。在如今的商业时代下，那些颠覆性的创新的机会越来越少，难度也越来越大。我们很难看到一个公司仅仅靠一项技术就产生颠覆性的改变。今天的公司，无论是互联网公司还是传统的企业，其最核心的快速迭代武器就是微创新、微革命。

举个事例：冰箱的发明属于颠覆性的创新。它给用户带来了前所未有的制冷效果与食物保鲜体验，给人们的生活带来了颠覆性的冲击。但是冰箱这项产品，至此就没有渐进的机会了吗？

答案是否定的。冰箱的发明，固然解决了人们想对抗食物在高温下无法保鲜的痛点，但是随之，一些次生的痛点和需求也会凸显出来。比如：

第一，冰箱太过耗电。买得起，但是用不起。在一些居民家中往往出现这样的情况，冰箱倒是买了，也装上了，但是为了省电，也不敢怎么用。

第二，噪声太大。有些品牌的冰箱，尤其是早期的产品，噪声太大，吵得人心烦，睡不着觉，无法静心工作。

这些问题对于用户来说是新的痛点、新的问题，对企业、对产品经理而言，却是不可多得的机会。我们看到一些用心的企业已经将这些痛点视为切入点，来进行微创新、微革命，来改善产品，提升用户的体验。

其实，在日常生活中，类似于用户的痛点和微创新机会几乎是无处不在的，发现它们，解决它们，就意味着机会。

人们平常看电视、用电脑，经常会遇到一些烦人的体验：找不到遥控器。针对用户的这一痛点，小米电视2进行了微创新，增加了一项新功能：自动寻找遥控器。谁能够想到，就是这一点微不足道的产品创新，却被许多用户评为最痛点产品。很多人就是冲着这个功能，而购买了小米电视。

其实，在各行各业中都可以通过一点一滴的微创新赢得消费者。当然，要进行产品的微创新，必须要警惕三个问题：

1. 必须要找到消费者的"痛点"需求，而不是仅凭个人意愿去进行微创新，否则，你的这种微创新就成了一种华而不实的"摆设"。

2. 在微创新之前，一定要找到自己的核心用户，切勿一上来就想摊大求全，一上来就想搞定所有的用户。做产品，首先一定要搞定一小部分的"种子"用户，让他们通过"滚雪球"的模式来传播你的产品功能，让它像滚雪球一样越滚越大。其实，你会发现所有流行的产品一开始都是小众产品，只有先做好小众，才能做好大众。

3. 别被"专家思维"所误导。做产品，很多时候不能像专家一样去思考，要像用户一样去思考，因为只有立足于普通大众身上的产品，才能有大的市场。因为用户体验的最高标准就是不用思考，国外一本书叫《Don't make me think》（译为：别让我思考），我们做产品一定不要像专家那样想问题，而是要站在用户角度，用用户的标准想问题。

创新无非就是：找准客户的"痛点"，并解决它

"出行难、打车难"曾经是许多都市人的"痛点"，为此，有人便紧紧地抓住了消费者的这个"痛点"，运用互联网思维，并且推动整个汽车产业的整体升级，于是便诞生了打车软件，可以说，能迅速地抓住消费者的"痛点"，是企业获得快速发展的立命之本。

实际上，在互联网时代，消费者的消费具有高效、精准、个性化、互动性强等特点，这使消费者的使用权力增加，大大地提高了企业的竞争强度，加速了企业的优胜劣汰。可以说，在新经济时代下，决定企业真正价值的，就是看你能为消费者解决多大的麻烦。

也就是说，只要你能想出为消费者解决麻烦的点子来，便是一种简单有效的创新。

《中国的超级消费者》一书的著者迈克尔·扎克认为，所有企业都要为抢占这片市场做好准备工作，即使是一些小微型企业也可以从中获取收益。超级消费时代，谁抓住了消费者的"痛点"，谁就赢得了消费者，也就意味着赢得了市场。这里所谓的消费者的"痛点"，即指痛苦、麻烦、不便、窘迫、难堪、焦虑，就是去研究他们在使用产品服务过程中的负面体验、消费情绪和心理落差，所有这些元素都可以归结为一个词：用户痛点。

存在用户痛点的地方，必然对应着商机和相应的营销机会。简单而言，痛点营销是基于用户痛点及其背后的真实需求，对产品或服务的相关针对性功能予以渲染，以消除或缓解用户痛点为营销的主诉求点，以便直击消费者的痛点和软肋，产生"打蛇打七寸"之功效。可以说，在新的经济形势下，在你产品的基础上，你若准确地找准了消费者的"痛点"，就等于赢得了客户的心。当然，产品基础上的用户"痛点"的影响方式实操，通常有三个步骤：

1. 诊断痛点。

一些企业营销的决策往往是依据"我们想怎么做"，而非"用户想要我们怎么做"。其实，对于企业的营销而言，真正有价值的就是用户的所感所想，诊断用户痛点的最终目的也是为了满足用户的需求、赢得市场。站在用户的角度去考量问题，企业会更加容易筛选出哪个才是用户最在意的痛点，从而节约成本，快速做出正确的营销决策。

这里要指出的是，要诊断出用户的"痛点"，一定要具有"同理心"，能与用户感同身受。

心理学中有一个专业名词叫"同理心"，通俗来讲，就是换位思考，即指站在对方的立场上设身处地地思考问题的一种方式。也就是人际交往过程中，能够体会他人的情绪和想法，理解他人的立场与感受，站在他人的角度思考和处理问题的一种方法。

企业营销人员在研究用户的时候，也需要有一颗同理心，主动理解用户的诉求，理解他们的处境，站在他们的角度去帮助解决问题。

要摆脱"为自己做产品"的单向思维，设法做到和用户感同身受。通过细致入微的心理把控，实现对产品设计的精准拿捏，满足用户在生活、社交、娱乐过程中所需要的功能、特性、服务，提供直击用户内心痛点的产品功能。

史玉柱东山再起后，开始做网游。开发《征途》游戏时，他没有研发经验，有的只是玩游戏的经验。如何才能够打造出击中用户痛点的产品呢？史玉柱使用的方法极为独特，也很简单，就是找潜在的游戏玩家聊天，大量聊天，将他们研究透。

据悉，在这个过程中，史玉柱先后找了 2000 个玩家聊天，每个至少聊 2 小时。总计就是 4000 小时，平均一天 10 小时的话，也需要 400 天。这是一项浩大的工程。

当然，史玉柱也可以不这样做，可以象征性地找几个典型用户大致地沟通一下，其他全凭个人想象去弥补。

这种方式省时省力，但是它不可能洞悉如此多用户在网络游戏中的兴奋、紧张、激情、愤怒、郁闷、心跳、刺激、张狂、霸气、忌妒、失落、沮丧、掌控、宣泄、君临天下、说一不二的细腻情绪。

这些用户的小情绪被史玉柱摸得一清二楚，了如指掌。

后来的事实也证明，《征途》游戏最吸引人之处，也正是给了用户上述情绪一个合适的载体、一个恰如其分的释放机制和平台。

2. 凸显差异。

痛点的本质是基于对比。比如，对某项产品或服务的期望值过高，而实际购买的产品或服务未能够达到这种期望值，其结果就是落差。这种由对比而来的落差，会给用户带来痛苦。营销人员应基于对比，找到企业产品、服务和精品的差异，提炼出差异化优势，才能更容易打动用户。

3. 证明收益。

要形象具体地将产品、服务所能带给用户的差异化价值、收益展示出来，而不是单纯地描述。

国内旅游市场，游客的痛苦体验集中反映在：1）行程安排太过紧凑，永远都在赶时间，大部分时间都浪费在了途中，真正的景点游玩时间少之又少。一路下来，没有欣赏到多少美景，却被折腾得疲惫不堪。2）虚假低价，旅行社以低价团来吸引顾客，到了目的地，很多隐形的自费项目开始显现出来，最终算下来，花费并不低，甚至还高于那些高品质、品牌型的旅行团。3）强制购物，变相购物，本来是出去玩，却成了购物一条龙，进入的各类购物场所比景点还要多，坑蒙诱骗的现象时有发生。4）团餐不好吃，服务不到位，运气不好的，旅客还会遭到谩骂、殴打。途牛网根据这些让游客叫苦不迭的痛点，策划出了新的旅游产品"牛人专线"。

在"牛人专线"的视频广告中，镜头全都是与传统旅游产品的对比：一个行程安排紧张而急促，一个悠然自得，精心享受美食，欣赏美景。这种对比，正淬砺了"牛人专线"的那句口号：同是跟团游，何不更享受。这样一方面凸显了产品的差异，同时也让人看到了价值和收益。

另外，要找准用户的"痛点"，还要准确地识别用户的"伪需求"。即有些需求，去问客户时，他们提出的往往是表面的需求，在背后还有潜在的、不好说出口的需求，营销人员要去伪存真，发现伪需求背后的真实意图、真实需求。

总之，用户调查、反馈是极为重要的，但是也需要注意负面反馈容易被放大的事实，不要让需要的调查反馈信息来左右企业的决策。